科学的に正しい　脳を活かす「問いのコツ」

結果を出す人はどんな質問をしているのか？

一般社団法人コーチング心理学協会　代表
徳吉陽河

SOGO HOREI PUBLISHING CO., LTD

見当違いな質問をしてしまうかも……。
相手の意図している質問内容を取り間違えたり、
自分の質問を理解してもらえなかったり、
とにかく人に聞くのが怖い。
コミュニケーションは難しい。
あの人は気に入られているのに自分は好かれない。
人間関係は理不尽だ。

大丈夫。
コミュニケーションはうまくいかなくて大丈夫です。
うまくいかないことに気づいてさえいれば向上します。
コミュニケーションは「質問」です。

質問をするということは、
相手に興味を抱いているという意思表示になります。
質問の意図をうまく提示できなくても、
質問内容を取り間違えてしまっても、
まず、それに気づき自分に問いかけ、
自己理解をすることで質問力は驚くほど身につきます。

質問とは観察、思考の柔軟性と適応力です。
事前に用意した質問をただ発言するのは、
本当のコミュニケーションではなく、
一方的な取材や面接でしかありません。
相手を思いやりながら、尊重し、
自分で考えた質問を柔軟かつ状況に合わせてしていく。
コミュニケーションは瞬間の体験といえます。

「なんでこんなこともできないんだ。もうやらなくていい！」

「わかりました。やりません」

「なんでやらないんだ！」

上司と部下とで交わされる会話。

異なる立場で、世代も違うにもかかわらず、
相手の返答の隠れた気持ちを汲み取らなければいけません。
コミュニケーションには想像力も欠かせません。
「人は本当にめんどくさい生き物」です。

一つの質問で気に入ってもらえることもあれば、
逆に嫌われることもあります。
不思議なのは、嫌われてもその関係を再構築するのも
また、質問がきっかけになります。
嫌われているからと距離を取れば取るほど、
関係性の修復は難しくなります。

自分と相手の可能性を広げる「質問」
自分を見失わないための自分への「質問」
「今」を大切にして、未来をつくる「質問」
あなたの今までの経験がすべて武器へと変わる「質問」
すべては「問い」コミュニケーションでうまくいく

発刊にあたっての推薦の言葉

本書では、変化が激しく、将来の予測が困難となった社会で、成功するための基礎的なスキルとしての「質問」を見事に探究されています。

本書は、洞察力にあふれた分析と実践的アイデアが豊富です。適切な質問をする能力を習得することで、より良い問題解決、独創性の向上、協調性の向上につながります。リーダー、教育者だけでなく、より現代的なコミュニケーション能力を向上させたい方におすすめです。

本書を読むことで、自信と前向きな思考がもてるようになり、現代社会の複雑さから、より良い方向に導く力を習得できる貴重な情報源となるでしょう。

コーチングの神様　エグゼクティブコーチ　マーシャル・ゴールドスミス

コーチング心理学やポジティブ心理学の実践において、質問をすることには技術と科学があります。技術とは、質問の方法であり、科学とは、現在の問題や課題に関連させて、いつ、どのような質問をするかを実証していきます。適切な質問はコーチングプロセスを促進するのに非常に役立ち、自分自身に問いかけることは、内省と洞察を深める機会となります。

本書は、質問の活用法における実践や自己啓発に関心のある人にとって、大きな気づきとメリットを与えてくれるでしょう。

元ロンドン大学教授　国際コーチング心理学会名誉会長　スティーブン・パーマー

確かなものはない時代、自分を信じてなりたい自分になるのも一つの生き方です。しかし、なかなか思うような生き方ができないことも稀《まれ》ではありません。本書ではコーチング心理学やポジティブ心理学を応用した珠玉の質問を紹介しています。

本書をお読みになり、それらの質問に答えることで目標を達成し、幸せを獲得することを心より願い推薦いたします。

北海道医療大学　教授　森谷満

はじめに

年下の方や異性と話しているときに、「これって、何かしらのハラスメントにあたるのではないだろうか」と、言葉を飲み込んだ経験はありませんか？

多様性が重んじられ、思いもよらないことで「ハラスメント」といわれてしまう現代。人と人のコミュニケーションは、どんどん難しくなってきています。

ＳＮＳの発達も、コミュニケーションが難しくなった理由の一つかもしれません。文字だけで素早く、相手に伝えたいことを伝達できるため、「電話するのはちょっと怖い」という若者も多くいます。

その半面、Ｚｏｏｍなどで開催されるオンライン講座に参加し、コミュニケーションの機会を積極的に増やしている人もいます。

そのため、**今まで以上にコミュニケーション能力には大きな格差が生まれてしまっています。**

特にビジネスシーンでは、中間管理職や企業の上層部の人たちから、「間違いを指摘するとパワハラやセクハラといわれるのではないかと不安だ」、「どのように信頼関係を構築したらいいのか悩んでいる」などといった相談をよくされます。

一方で、１９９０年代後半から２０１２年頃に生まれた、いわゆる「Z世代」からは、「年上の人との会話がかみ合わない」、「意見を求められても何を発言したらいいかわからない」などの悩みも聞きます。

歳の離れた世代が理解し合い、上手にコミュニケーションを取りながら生きていくためにはどうしたらいいのでしょうか。

この本ではそんな悩みを「**質問力**」で解決する方法を具体的にお伝えします。

質問力が高まると、考える力が身につき、具体的な対話につながり、相手を思い

やりながらコミュニケーションを取ることができます。

そして、より良い人間関係を構築することができ、他の人に問いかけることで、自分一人では得ることができなかった知識や体験などを学ぶチャンスが増えます。

また質問といっても、他者へ向けた言葉だけに限りません。

「**セルフクエスチョン**」または「**セルフトーク**」といって、**質問を自分自身に向けて行うことで自己理解を深め、思考力と洞察力が高まり、自分に変革をもたらすこ**とができます。

実際、これまで質問力を身につけた人の中には、コミュニケーション能力が向上し、勤めていた企業でリーダー的存在に抜擢された人、社長補佐になった人、独立開業して成功を収めている人もいます。

悩んで立ち止まっていたところから、現状を客観的に把握し、自分の夢や目標を明確にして、前に向かって進めるようになったのです。

質問力を高めることで、人生をより豊かにできるのです。

質問は「脳」を鍛えるメリットがある

質問をすることは、相手の脳、なかでも前頭葉に刺激を与えることが科学的に立証されています。

前頭葉の「**前頭前野**」と呼ばれる部分は、意思決定をはじめ、図に示す9つの重要な働きを担っています。

質問することで前頭前野の発達、活性化を促進し、これらの働きを高めていくことができるのです。

前頭前野の活性化は認知症の予防やモチベーションの向上のためにも良いといわれています。

ポジティブな方向や希望に意識を向ける質問を積極的にしていけば、質問を受け

[コーチング心理学と前頭葉に関わる脳の機能]

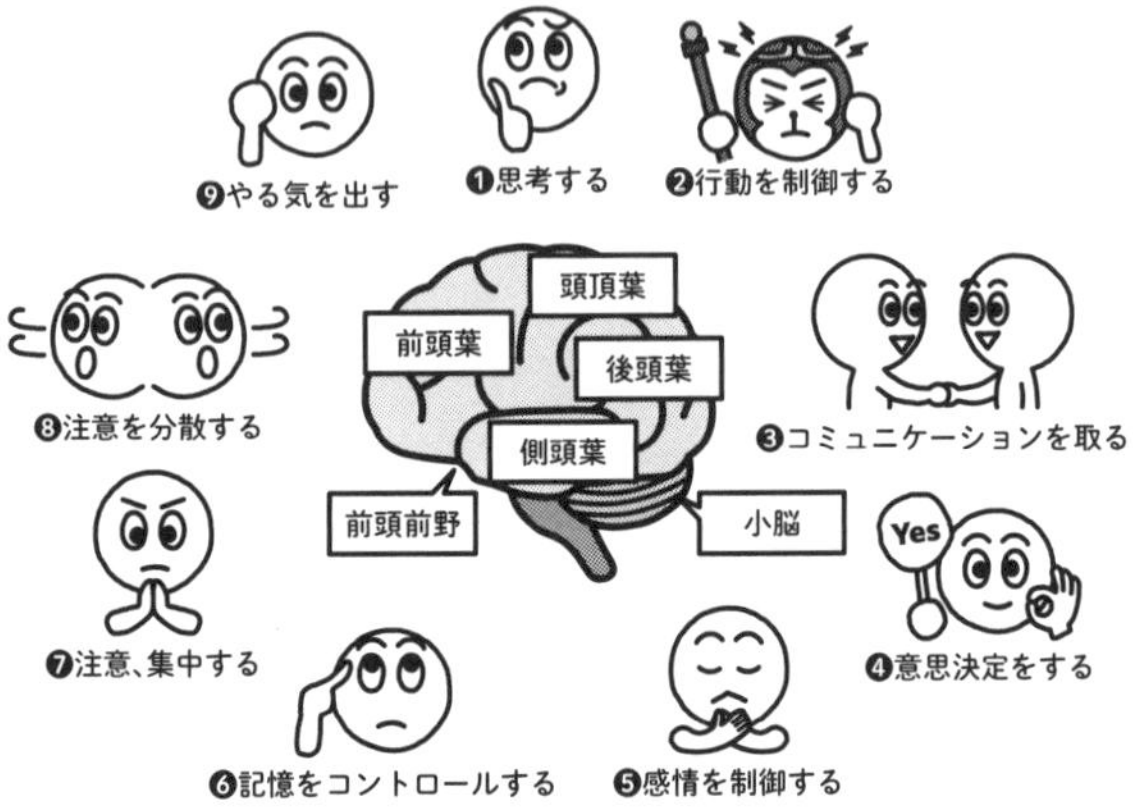

る人は良い未来を歩けるようになります。

相手を尊重しながら、常に「問う」姿勢をもち続けることが質問では非常に大切なのです。

質問は人を導く力がある

はじめまして。

徳吉陽《とくよしよう》河《が》と申します。

これまで、国内のみならず、海外でも数多くのワークショップや学会に参加したり、研修会を開催したりして心理学、心理療法、カウンセリング、コーチングなどの技術を皆様と共に幅広く学んできました。

それらをかけ合わせ、主に「コーチング心理学」、「ポジティブ心理学」のメソッドを中心に、質問をする人と質問を受ける人がお互いに幸福、前向きになるようなコーチング手法を実践・研究を行っています。

コーチング心理学とは、科学的に立証されている「心理学」や「心理療法」などの手法を使い、個人の目標達成をはじめ、生活や仕事における**ウェルビーイング（幸福感）**や**QOL（Quality of Life＝生活の質）**の向上、さらには**エンゲージメント、ビジネスパフォーマンス**を最大化させるための技術です。

コーチング心理学で重視しているのは、**過去を強みに転換し、「今」を大切にして、より望ましい「未来」を導くという考え方**です。

単に幸せな状態（Well）を目指すのではなく、相手が**意志（Will）**をもって未来を良いものにしていく、良い方向に向けて行動していく、良い経験をつくっていくためのサポートを行うことがコーチング心理学なのです。

そして、その基本ともいえるのが「質問」です。

相手の課題や悩みに合わせて適切な質問をすることで、下がってしまったモチベーションを高めたり、ネガティブな思考をポジティブへと転換したり、深層心理に隠された本当の思いやりや強みを共に発見したりしています。

このように表現すると「難しい」と思われるかもしれません。

でも、大丈夫。

質問力を高めるコツは、とにかく工夫とチャレンジです！

たとえ失敗しても、リカバリーできます。

その方法も本書で伝えていますので、どうぞ安心してください。

また、ビジネスシーンのコミュニケーションだけでなく、人間関係やストレスに悩む人にも参考になるスキルも解説しています。

今回取り上げた質問力は、ポータブルスキル（転移可能な技術）とされ、「**一生涯役立つスキル**」です。

近年、コミュニケーションが苦手な人が増えていますが、逆にいえば、少しうまくなるだけでも、活躍できるチャンスや可能性が飛躍的に開けます。

ぜひ、今日から意識的に質問をして、質問力を高めていきましょう。

コミュニケーションに迷ったら、どうぞページをめくってみてください。

そこには必ずヒントがあるはず……。

さあ、豊かで奥深い、質問の世界へご一緒しましょう。

2024年8月吉日
徳吉陽河

序章

なぜ、今「問う力」が重要なのか

第1章

人は質問でどう変わる？ 考えて、行動を促す「問いメソッド」の技術

第2章

相手のことを考える「問いコミュニケーション」

第3章

結果を出すための「問う力」

第4章

自己変革を起こす最高の導き手のつくり方

第5章

現状を受け入れ、自ら希望を引き寄せ楽しく生きるために

執筆協力／笹間聖子
装丁／木村勉
本文ＤＴＰ＆図表制作／横内俊彦
校正／菅波さえ子

序　章

なぜ、今
「問う力」が重要なのか

VUCA時代に必要な能力とは？

現代は、VUCA時代といわれています。

VUCAとは、Volatility（変動性）、Uncertainty（不確実性）、Complexity（複雑性）、Ambiguity（曖昧性）という4つの言葉の頭文字を取った造語です。想定外のことが起きたり、将来の予測が困難だったり、不確実な状態に陥ったりすることが増え、不安や心配を感じやすい時代という意味です。

このような時代では、昨日までは当たり前の「答え」であったものが、状況や環境が変化するために、明日は同じような「答え」にならない可能性があります。

そのため、従来の経験や知識だけではなく、変化に柔軟に対応できる能力が求められます。明確な答えがない状況で、適切な意思決定を行うためにさまざまな視点から物事をとらえ、本質的な問題を見つける必要があります。

そこで重要になるのが質問力です。

質問力は複雑な問題の本質を見抜き、創造的な解決策を導き出すことができます。

また、**質問力を高めることで変化を前向きにとらえ、柔軟に対応できる**ようになります。さらに、自分だけでなく、**周りの人に「気づき」を与え、相手の思考や自己決定力、解決力を促す**ことにもつながります。

適切な質問力を身につけることで5つの大きなメリットが得られます。

①問題の本質を見極める

問題の表面的な部分ではなく、より核心的な課題を見極めることができるようになる。

②新たな視点を得る

洞察力が高まる。自分とは異なる視点から問題をとらえることができ、新たな解決策を見つけることができる。

③ 創造性を発揮する

常識や固定観念にとらわれずに、自由な発想で創造的なアイデアを生み出すことができる。

④ 周囲との協働を促進する

周囲の人々と情報を共有し、協力しながら問題を解決することができる。

⑤ 状況を明確にして、意思決定を促す

今何が大切なのか問いかけることで、状況を理解し意思決定ができるようになる。

ＶＵＣＡ時代を生き抜くためには、このように質問力は必須なのです。

ＡＩを使いこなすために必須な「質問力」

変化が激しく不確かな時代であっても、確実に成長しているサービスがあります。それはChatGPTやClaudeなど、「生成ＡＩ」のことです。生成ＡＩは知りたいことを入力すると、大量のデータを基に答えを文章や音声で返してくれるツールです。

これら**生成ＡＩを使ううえでも、質問力はとても重要**だといえます。

「プロンプト」と呼ばれるＡＩへの指示、命令に使う文章は、まさに質問だからです。どんな答えがほしいのか、正確な意図をもって質問できなければ、その答えは的外れになってしまいます。

ただ聞くのではなく、しっかりとした「質問」をＡＩに提示しなければいけません。

そして、これは何も、生成ＡＩに限ったことではありません。**質問することで相手からどんな答えを引き出したいのか、どんな変化をもたらしたいのか**。視点を変え、これまでの考えとは違いのある質問が大切です。

「相手に前向きに仕事に取り組んでほしい」

「旦那に積極的に家事や育児に参加してほしい」

このように相手にしてほしいことや相手に変化を望むことを考える場面は日常にたくさんあります。

その思考こそが、質問力向上のための第一歩なのです。

私が生徒やクライアントに本人のやりたいこと、これからの未来に関することなどの質問を投げかけた際に、「答え方がわからない」や「どのように答えればいいのか……」と返答されることがよくあります。

勉強のような共通した答えはなく、質問された本人にしか答えはわかりません。

なぜならば、**「答えは自分の中」にしかない**からです。

では、漠然としていて、とらえることが難しい「答え」をどのように見つけていけばいいのでしょうか。

「答え」にたどり着くまでに必要な考えるきっかけやヒントを得るために、自分が今まで経験してこなかった分野の講座やワークショップに参加したり、生成ＡＩを使ったりすることも一つの手です。

生成ＡＩを活用することで、効率よく情報収集ができますし、情報を集めているうちに、自分の中で考えの道筋が見えてくる場合もあります。

これは壁打ちと同じ効果があります。

壁打ちとは、一人で壁に向かってボールを打ち続けることで自分のフォームを確認する、テニスや卓球などのスポーツの練習方法です。ここでは、生成ＡＩという壁に自分の曖昧な考えや言葉を投げかけて、自分の中の考えをまとめていくことを意味しています。

何らかの答えや意思決定を促すために、生成ＡＩを使うという手法は非常に有効だといえます。

私たち日本人は、ある程度答えが出ているものをたたき台にして、その品質をさらに向上させていく方法を考えることが得意な傾向があります。

反対にゼロからイチ、つまり全く新しいことを創造するのは苦手です。「今日は何を食べたい？」と聞かれて答えが浮かばなくても、「今日はハンバーグにしようか？」と聞かれたら、「ハンバーグは昨日食べたから和食がいい」など、答えを考えやすくなります。それと同じことです。

抽象的な物事を少しでも具体的にするために、生成ＡＩという新しい技術も前向きに使用していきましょう。

自分がより良い仕事や人生を歩んでいけるように、あらゆるものを活用して、状況を好転させていくことが求められます。

より最適な情報を収集するために、今どのようなツールやアプリを使えばいいのか、と自分に問いかけて効率よく「答え」を見つける工夫をしましょう。

生成AIの答えの質を多角的な視点から高める質問

ただし生成AIの答えは、人工知能がインターネット上の情報を集めた中から生み出すものです。つまり、多くの人の考えから生まれた「**集合知**」です。

そのため同じような質問をすると、言葉が少し違えども、似たような答えが出てきてしまいがちです。そのまま鵜呑《うの》みにすると非常に危険なので、精査し、より良いアイデアを出していく必要があります。

出た答えを必ずさまざまな方向から検証します。

常識的に誤っていないか、万が一にも人を傷つける可能性はないか、自分の本質とずれていないかなど、さまざまな視点で検討するのです。

そして、**誰もが得られる生成AIの答えを「しっかり考える」ことで新しい発見やアイデア、オリジナリティも生まれやすくなります。**

このような考え方は、「クリティカル・シンキング」と呼ばれています。

「クリティカル・シンキング」を日本語に訳すと「批判的思考」となります。**物事をあえて建設的・批判的に見ることで本質をとらえ、本来あるべき方向に導く思考法**のことです。ただ単に否定し、ネガティブな視点でクリティカル・シンキングをしても、役に立たないだけでなく、ダメ出しになってしまう可能性があります。

そのため、**より建設的な側面に焦点を当てた「ポジティブなクリティカル・シンキング」による質問が非常に重要**です。

具体的には、AIの回答を「**前向きに疑い、より最適なものは何か？**」と考えることです。前向きに疑いながら何度も思考するなかで、生成AIの答えを活かしつつ、物事の本質に迫り、自分だけの「答え」を生み出していくことができます。

つまり、**当たり前となっている常識を建設的に疑い、本当の最適解を検討する考え方**です。

私たちは、日常的に当たり前になってしまった出来事や考え方について、疑って

[AIの回答を発展させてより良いアイデアを構築]

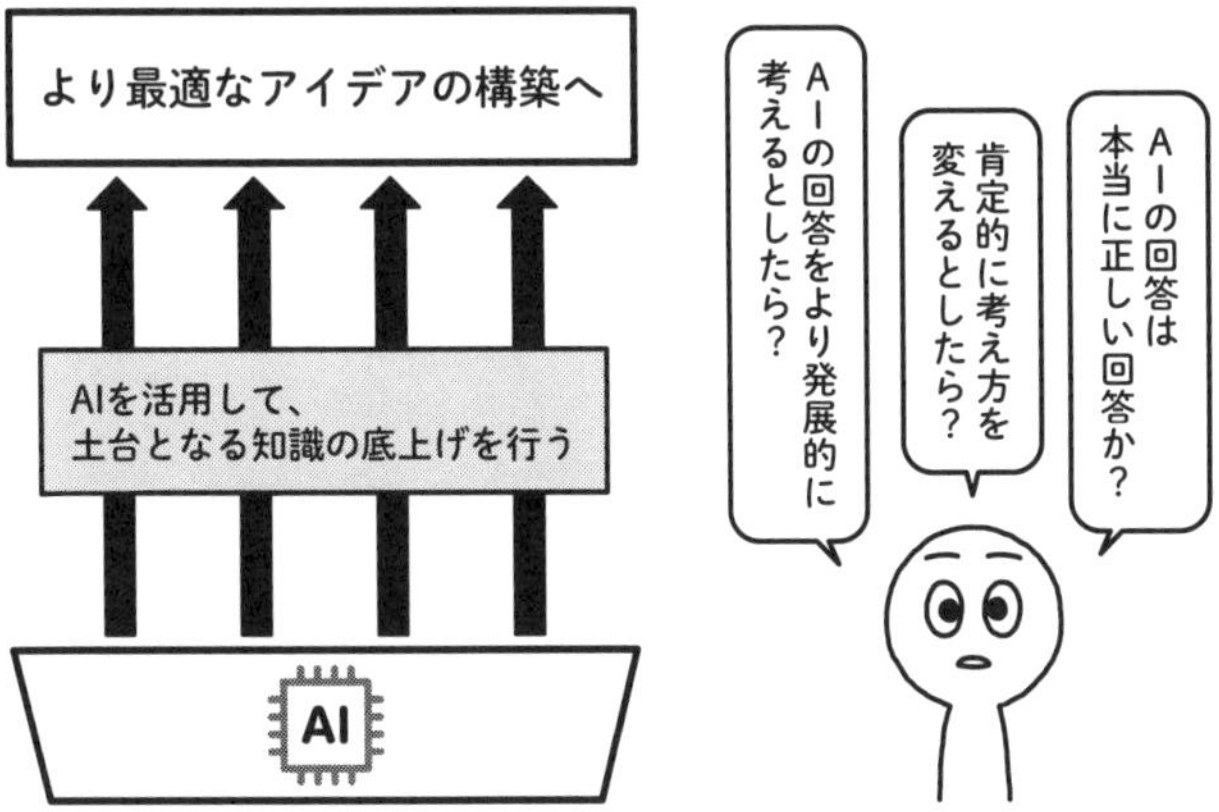

考えることを行わずにそのまま受け入れてしまいがちです。

また、AIは過去のデータを基にしているため、独創的な答えにはなりづらく、常識の枠から飛び出せません。

そして、Webの情報は、一部の人が具体的な根拠がない状態でも作成できてしまうため、誤った情報が記載されている場合もあります。

そのため、**何が正しいのか判断するためにも、新しいことを生み出すためにも、クリティカル・シンキングを活用していくことは必須**となります。

効率よく工夫して効果を上げるための質問

インターネットですぐに検索でき、生成ＡＩですぐに答えを手に入れることができる現代、タイムパフォーマンスが高いことが良いとされる風潮があります。仕事でも日常生活でも、いかに効率よく、素早くやっていくかが重視されます。

こんな時代にこそ、より効果を発揮するのが「**ジョブ・クラフティング**」という考え方に基づいた質問です。

ジョブ・クラフティングとは、仕事（Job）＋工作（Crafting）の造語です。

つまり、**ＡＩをうまく活用するなど、工夫して仕事を楽にして成果が上がるように変化させていく**という意味です。

仕事を面白く、楽にする方法、自分自身を幸せにする方法を考えることになります。

ジョブ・クラフティングには、自分に問いかけるセルフトークが有効です。

質問「今の仕事をより面白いものにするために工夫できることは何か？」

質問「AIを活用して仕事を簡単にするにはどうしたらよいか？」

質問「AIの回答を他の人と議論して、より工夫できることは何か？」

このように自分自身に質問をしてみましょう。

また、会話をうまく促すためには相手の言葉に対して、しっかりと聞くことが重要です。

話し手の気持ちや考えを深く理解し、信頼関係を築くための傾聴。その傾聴には**「アクティブ・リスニング」**という手法があります。

単に相手の話に耳を傾けるだけではなく、アイコンタクトやあいづち、うなずきなどのリアクションを取ると同時に相手の状況を観察し、相手の動作から「意図」を読み取っていきます。

これは相手に気持ちよく話をしてもらうという意味でも必要なスキルです。**特に**

人との最初の関係づくりにおいて、「ちゃんと聞いてくれる人」だと認識されると、相手に覚えてもらいやすくなります。

他には、「**ポジティブ・リスニング**」という方法もあります。

「楽しかったのですね」

「面白かったのですね」

「そのことが良かったのですね」

このように相手のポジティブな会話を促進して、ポジティブなリアクションで、傾聴を行う方法です。ポジティブ・リスニングを行うことで、**ポジティブ感情を高め、前頭葉を活性化し、問題解決への思考を高める**ように会話を促していきます。

さらに、相手の感情や言葉を受け止めて共感しながら、相手のペースに合わせて対応する方法として、「**ミラーリング**」という手法もあります。

相手と同じ言葉で返事をしたり、相手が好きな言葉、大切にしている言葉で返答したりします。**好きな言葉や大切にしている言葉は直接的に相手の信念やその人らしさ**に関わり、どのような価値観をもっているかがわかります。

たとえば、私の好きな言葉は、「我以外皆師也（自分以外は皆先生である）」、「成長」などです。「成長」は、私の研究や人生のテーマの一つにもなっています。

このように**相手の大切な言葉には、その人の強みや自分軸が表れている**場合が多いのです。

質問「あなたの好きな言葉は何ですか？」

質問「あなたが大切にしている言葉は何ですか？」

このように質問を行い、相手の大切な言葉を拾い取りましょう。

そして、相手の人生の目的やテーマを読み取り、相手の感情を受け止めて「共感」することで、良好な関係が築きやすくなります。

質問の入口は好奇心

質問力を高めるうえでは、**相手の話をしっかりと理解してから、状況を観察して、意図をもって質問することが**重要です。

傾聴や質問とは単に聞くだけではありません。

「質問」と「聞く」は似ていますが、**相手を意識しながら尊重しているのが「質問」**。

つまり耳ではなく、心で「聴く」のが傾聴なのです。

そして、質問をするとき重要になるのは「好奇心」です。

「もっと詳しく聞きたい」

「ここを掘り下げたい」

「どうやってその考えに至ったんだろう」

自分の中の好奇心が相手に対する「質問」をつくるのです。

もしも相手に興味・関心がもてないという場合は、交流会、旅行、遊びなどで共通の体験をすると少しずつ相手に対して好奇心がもてるようになります。

相手に関心を抱くと、自分も関心をもってもらいやすくなる「**ブーメラン効果（好意の返報性）**」というものがあります。

反対に、相手のことを嫌いと思ってしまうと、相手に嫌われやすくなってしまいます。そうすると当然ながら、コミュニケーションはうまくいきません。

しかし、今まで興味がなかった人に対していきなり好奇心を抱くことは非常に難しいといえます。その場合に有効なのも「質問」です。

興味がない相手と話す際は、自分の中で自分自身に質問をしてみてください。

質問「この人の中で好きなところはないか」

質問「この人から学べることはないか」

質問「この人はどのような考え方、知識をもっているのか」

仮に相手に対して質問するモチベーションが低い場合、最初は自分にメリットになる聞きたい情報を質問として投げかけるのでも構いません。

ただし、一部でもよいので相手の好きなところや良いところを見つけようと試みてください。それを見つけることができたなら、その気になった点について質問をしてみましょう。

そこからお互いの関係性が、以前より大きく動き出すはずです。相手も興味があることや気になっていることを話すときは情熱的になるからです。

基本的には、**デカルトが「我思う、ゆえに我あり」（考える自分がいるから、私は確かにここに存在しているのだ）**と述べるように、人間は自己中心的に考える存在です。基本的にあなたが相手に興味がないと同じように、相手もあなたに興味をあまりもっていないことが多いです。

だからこそ、**相手の「興味」をくすぐれるように自分自身に質問をしていく必要があるの**です。相手に対して好奇心があれば自然と「質問」が出てきますし、ない場合でも自分に「質問」をして、相手の良いところを探していけます。

私もかつて、苦手な上司がいました。

なぜなら、彼は完璧主義でいつもイライラしていたからです。でもよく観察すると、きちんとメモを取っていて、仕事を忘れないようにマメに対応をしていました。

その人の良い部分を見て、自分の仕事にも活かしました。

嫌いだからと距離を取ってしまうと、気づけていなかった良いところを見逃してしまうかもしれません。

コミュニケーションがうまくいかない相手とは、そのうまくいかないところに学びがあることも多いものです。**嫌いな人や苦手な相手の中にある良いところを抜き取って見ることで、学びに転換できる**、という考えを知ることは重要です。

私自身、講師やコーチ、カウンセラーとして、相手から話を聴き、質問することで、相手から学ぶことが非常に多いです。自分に足りていないことを周りの人から謙虚に学ぶことが自分自身の成長につながります。

質問も、相手のためだけに行うものではありません。質問を介したやり取りは相手の答えから、**自分自身の考えを明確にする支援にもなる**のです。

聞く前に、まず自分に問いかけて考えてみる

他の人と良い関係を築くためには、質問の前にあらかじめ自分に問いかけることが大切と伝えましたが、一番重要なポイントは「相手のことをしっかり考える」ことです。

最初に相手をよく観察して、**「今」どんな言葉をかければよいのかを考え、相手の状況を把握する**ということです。相手がイライラしているように見えたら、質問をするタイミングをずらしたほうがよいかな、など自分の中で相手を思いやります。

質問をする前に自分への問いかけ方は次のような質問です。

質問「話をするうえで何が大切か」

質問「今、なぜこのことをその人に聞きたいのか」

質問「質問をすることで相手に何をどうしてほしいのか」

このように**自分に問いかけたうえで質問をすると、相手が困りにくくなります。少し冷静になって話せば、感情に流されて、思ったことをうっかり口に出してしまい、相手を怒らせるというミスも防げます。**

また、何も考えずに急に質問をすると「いきなり何？」と相手に引かれてしまう可能性があります。

そのような場合だと相手が気持ちをオープンにして答えてくれないこともあります。

その回避のためにも**事前に自分に対して「質問」をすることは有効な手段**です。

相手を責めたり、相手の考えを正そうとしたり、論破するような質問になっていないか、言葉にする前に自分の頭の中で点検をしておきましょう。

単に相手の考えを正す論破のような質問は、ハラスメントにもつながりかねません。

もし、何か相手に対して「行動を変えてほしい」などと思っていた場合でも、そこを直接指摘するのではなく、**「相手自身が質問に答えたことで大切なことに気づいてもらう」**という意識をもつことが重要です。

まず、**相手が自分自身で気づいて理解しないと、本当の意味で相手の行動に変化は起こせません。**直接的に表現することで、相手も苛立ったり悲しくなったりと感情が邪魔して、成長のための良い指摘内容であっても、うまく頭の中でかみ砕けないことがあるからです。

つまり、「相手を思い通りに動かす」のではなく、**相手が心地よく考え、行動でき、心から「そうしたい」と思えるように「相手自身に考えてもらう」こと**です。

あくまでも相手の意志を尊重することを意識しましょう。

観察し、傾聴し、自分に問いかけてから質問をする。

このステップで進めることではじめて、質問の力が発揮され、関係性を深められるやり取りになるのです。

質問は信頼関係を育み、復活させる

職場で上司、部下の人と関係を深めたいときにも質問は有効です。

ここでは、認知行動コーチングでいう「ＡＢＣ法」を前向きな視点で応用する方法を紹介します。

Ａ（Activating event）は**出来事**です。ここでの出来事は、**信頼関係を構築する機会**とします。

信頼関係を構築する機会から、何ができるか考える段階です。具体的には、「信頼関係において何を大切にするか？」ということです。

Ｂ（Belief）は**信念**であり、出来事に対する**相手の価値観や考え方を理解**します。

また、相手の信念に触れることにより、自分自身の価値観について考えるきっかけにもなります。ここではポジティブな「B」を確認します。

たとえば、信頼関係において相手が「時間を大切にしている。だから遅れる人は嫌い」という価値観をもっていたとします。するとその人とは自然に、時間に注意した関係性を構築しようとするはずです。そして、相手と比べると自分は「時間」に関して、大きなこだわりをもっていない、と知ることもできます。

このように質問力があれば相手が人付き合いで重要視しているポイントを理解していくことができるのです。

さらに、「なぜ時間を大切にされているのですか？」などと質問を重ねると、より相手の本質を理解することができます。

この段階で注意すべき点は、相手の信念や価値観を無条件に肯定的に受け止めることです。相手との信頼関係を構築するために、不用意に相手の大切な信念を否定してはいけません。特にここでは、相手の信念を把握することが大切です。

［ポジティブな認知ABCを活用した3つのステップ］

A
（出来事）
Activating event

出来事:信頼関係を構築したい
「信頼関係において、あなたは何を大切にしていますか？」
「自分と相手にとって信頼関係とは何か？」

↓

B
（信念・考え方）
Belief、Bias

前向きな信念と考え方とは？
「信頼関係がうまくいくためには？」
「信頼関係において考慮しておくことは？」

↓

C
（結果）
Consequence

前向きな結果につなげるために
「どんな前向きな結果になるのか？」
「望ましくない結果となっても、どのように信頼関係を構築していくか？」

C（Consequence）は**結果**です。信頼関係を築き前向きな結果に導けるように検討していきます。ここでは、**最終的にどのような信頼関係を構築していくのが望ましいかと考えます。**

併せて「**もし信頼関係を壊してしまう出来事が起こった場合、どう対処するのか？**」も検討します。あらかじめ、転ばぬ先の杖として、うまくいかないケースも頭に入れておいて、信頼関係が壊れないように配慮するのも大切です。

どのような信頼関係が望ましいのか、相手に考えてもらい、その解決策を提示してもらうのも良いでしょう。

どんな瞬間でも一期一会を感じながら考えて、できるだけ良い結果につながるように相手を尊重しながらコミュニケーションを図っていきましょう。

もしかしたら意図せず、相手の信頼を損ねてしまうことがあるかもしれません。その際にこの「ＡＢＣ法」を活用すれば、より前向きに行動することができます。

信頼関係が崩れた際に、いったん距離を置くという人も多いですが、それでは解決に向かわないことのほうが多いと私は経験上いえます。

たとえば私と友人の話ですが、親友にハッキリと批判的な言葉を言ってしまい、しばらく距離を置かれたことがあります。それからも定期的に、「最近どうしてる？」や「元気？」といった質問をメールで送っていました。しばらくは無視されましたが、あるときそれがきっかけで返事を返してくれたのです。

このように相手が回答しやすい質問を投げかけていくと、つながりを切られても、また戻りやすくなります。

そのため、相手に「もし信頼関係を壊してしまう出来事が起こった場合、どう対処するのか？」の答えを聞いておくと、より効果的な行動ができるのです。

人間同士は、一度関係性が切れたとしても、どこかでまたつながることがあります。昔嫌いだった人と大人になって出会ったら、仲良くなった話などよく聞きます。就職活動で断られた会社に、巡り巡って入社できたという話も聞いたことがあります。

営業職の人はイメージしやすいかもしれませんが、営業先で断られても「また機会があったらお声がけさせてください」と伝えて、次の仕事のきっかけをつくることができる人は、そのあと、相手とつながるチャンスが増えます。

相手とつながる糸口を残しておけば、どこかで関係を再構築や修復できる可能性が高まります。

そのような再構築・修復のチャンスをもつためにも、感情的になったりせず、**リカバリーの方法を知っておくことが重要**なのです。

ネガティブを活かし、ポジティブに転換する

コーチング心理学協会の研究では、**何事もポジティブに考え行動できる人は、困難な状況においても「自分はできる」と感じ、目標を達成しようとする力が強くなることがわかっています。**

それればかりか、自尊感情（自分で自分自身を尊重する感情、ありのままの自分でよいと思える感情のこと）や幸福感を感じる割合も高くなり、ストレスを感じにくいという調査結果も出ています。

すなわち「ポジティブ」はビジネスで結果を出すうえで、大きなポイントといえます。脳科学的に見ても、ポジティブな感情になると、感情や欲望をコントロールしやすくなり、論理的な思考力や発想を司る前頭葉が活性化することが研究からわかっています。

つまり、**ポジティブに考えられる人は多角的に物事を見ることができ、思考が拡散しやすくなり、アイデアが生まれ、自ら積極的に行動できるきっかけになる**のです。

反対にネガティブな状態だと、思考が固まってしまいます。

「自分はダメだ」という否定ばかりで、前頭葉の活動が低下し、思考がストップしてしまうのです。

この状況をまず理解することからはじめて、ほんの少しでもよいので、ニュートラルにしてポジティブに好転しましょう。

そこで活用したいのが**相手をポジティブに促す質問**です。

もし相手が現状をピンチだと感じていたり、自分はダメだと思っていたりするのであればこのような質問を投げかけてみましょう。

質問「今はピンチだけどチャンスはないか？」

質問「このピンチの先に何か得られるものがあるのではないか？」

質問「ネガティブだからこそ、できることはないか？」

これらは、**ネガティブを活かし、ポジティブへと転換する質問**です。

状況を好転させるような質問を投げかけることで、ネガティブな状況から相手が前向きになれるきっかけを質問で与えることができます。


自分自身の状況を理解していくためにも同じ質問が使えます。

頭の中で問いかけるだけでなく、一度ノートに書き出してみると頭の中のモヤモヤした情報を整理しやすくなります。

漠然とした不安を言語化することで形となり、それに関して対応策や修正案が生まれやすくなるのです。


自分に対して問いかけて、つらい状況から抜け出せるように、ほんの少しでも前に進めるようにしていくことが非常に重要です。

たとえば災害が起きてネガティブなことに襲われていても、「じゃあ、今できることは何だろう?」と自分に問いかけて、**自分ができることから一つずつやっていく**

ことをおすすめします。

私自身も、東日本大震災に被災した際に被災者として、「どうして、こんな不幸が自分に降り注ぐのだろう」と感じました。ですが、たとえ被災者であっても、他に困っている人の支援者として何かできないかと考え、「ボランティア活動」に参加するなど現実を前向きにとらえた経験があります。

ネガティブを前向きに活かすことができれば、誰かの役に立つこともできます。その状況で自分がどんなことができるかという役割を見つけていくことが大切です。

役割があるということは、自己肯定感にも関わってきます。

「誰かの役に立った」感覚は、自分の存在が認められるという自らの意義を肯定的にとらえるきっかけになります。

第1章

人は質問でどう変わる？
考えて、行動を促す
「問いメソッド」の技術

質問力とは自信とスキル

質問力は特別な能力ではなく、スキル（技術）として習得できるものです。

そのため、言葉や方法論として認識していなくとも、すでに無意識で行っている人もいるでしょうし、独自のメソッドを意識的に行っている人も多いと思います。

本書で示すメソッドは、コーチング心理学やポジティブ心理学で活用されている科学的な手法です。はじめは、抵抗があっても、実践してみることで質問のスキルが身につきます。

そして、経験が積み重なるといつのまにか、質問力が高まっている自分自身に気がつくはずです。まずは行動あるのみです。

メソッドを知っただけで満足せずにスキルとして自分のものにしていきましょう。

では、質問力が高まると、どのような質問ができるようになるのでしょうか。

ここで、私が「問う力がすごい」と思う人の特徴をいくつか紹介します。

最もわかりやすいのは、状況を判断し、的確な質問ができる人が挙げられます。**相手の表情や姿勢、トーンなどから、その人の状態を読み取ったり、会話の流れや文脈から相手の関心事や悩みを推測したりできる人**です。

また、そのような人は相手の反応を見極め、**「こうやったら、こういう結果になってしまうのでは」と予期する能力が高い**ともいえます。

そして、相手の長所に焦点を当て、相手に肯定的な感情を抱いてもらったり、相手の自己肯定感を高めたりすることもできます。

他にも相手が主体的に物事を考えられるような「問い」を投げかけられる人や、相手が積極的に行動できるように質問で促せる人、相手の気づきを促すような質問をする人、多角的な視点から質問ができる人も同様に私は「問う力がすごい」と感じています。

つまり、**質問力が高い人は状況や相手について考えて、相手の価値観を尊重し、理解を深める質問ができる人**なのです。

相手に対して、興味や関心をもつと同時に、相手のためになる質問をすることで、相手自身の考えが深まったり、相手が行動しようとする意識を高めたりするなど、相手を良い方向に促すことができます。これが、「質問力」です。

このような質問力を身につけるために必要なことは、**質問のメソッドを知識（技術）として認識して、それを理解して実践経験を積む**ことです。

そして、これに付随して大切なことは、「自信」です。

それも、**自分が「相手を質問で正しく導ける」という自信**です。

少し唐突かもしれませんが、プールの監視員を思い浮かべてみてください。

私は学生時代、プールの監視員のアルバイトをしていたことがあります。監視員には「泳げる」「救助できる」という技術と、「相手を助けることができる」という自信の両方が必要です。

この2つがなければ、目の前に溺れた人が現れたときに、咄嗟《とっさ》に身体が動いてプールに飛び込むことができないからです。泳ぎがいくら得意でも、「相手を助けることができる」という自信がない初心者には、どうしても躊躇《ちゅうちょ》が生まれてしまいます。

どちらか片方だけでは不十分で、両方を一緒に高めていくことが重要なのです。

これは何も、質問力やプールの監視員に限った話ではなく、プロフェッショナルのスキル、すべてにいえることです。技術だけが頭の中にあっても、行動として現れなければないに等しいですし、自信だけしかなければ、行動することができたとしても闇雲《やみくも》に動いているだけになります。

つまり**質問力が身につくとは、スキルと自信の2つをもっている**ということです。

この自信は、科学的な根拠（エビデンス）に関わる前例、法則があれば、より強い自信につなげることができます。

客観的根拠に基づいたエビデンスで行動したほうが、成果が出る可能性が割合い的にも高まります。

実際、私自身も科学的にエビデンスがある「ファスティング」という断食ダイエットを試したところ、22キロのダイエットに成功しました。

同じように、成功している人をモデリング（模倣）することも有効です。

私が中学生だった頃、マラソンが不得意でしたが、試しに、先頭集団の走り方のマネをして、その集団についていこうと走ったところ、普段よりも良い成績を得ることができました。

このようにうまくいっている人をよく観察し、モデリングすることは成功の確率を高めます。

もし、エビデンスやモデリングする対象などがない場合は、まず、思い切って行動することで経験を増やし、自分の中で根拠や事例を構築することもできます。

[自信とスキル（技術）の関係]

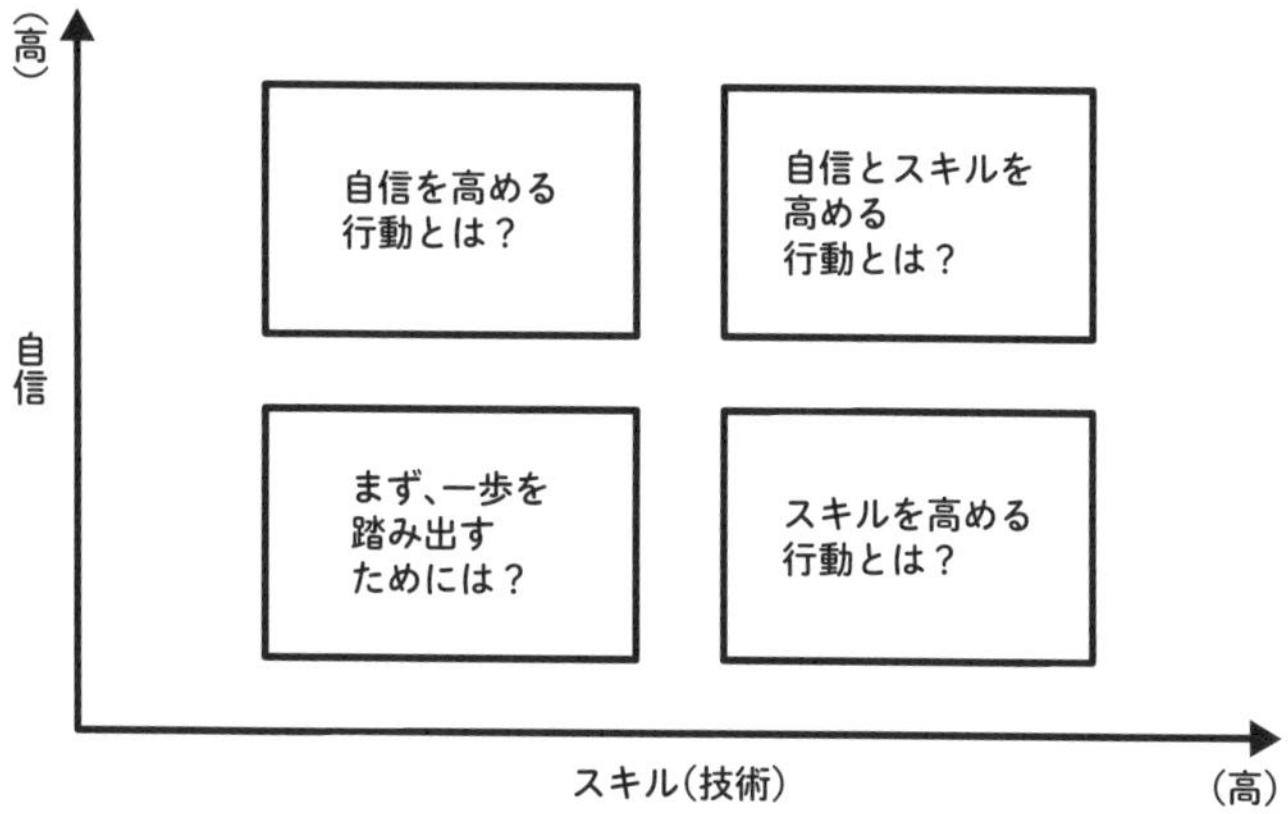

頭の中で勝手にできないと思っていたことが、実際に行動をすると意外とできることもあります。

やらないよりはやったほうが成功率が高まるのは当然です。

つまり、**これまでの根拠や事例がなくても、自分自身で行動することで道を開くきっかけになる**のです。

質問力向上のカギは「練習」と「自分への問いかけ」

「質問力は、誰でも身につけられるでしょうか？」

ときどき、このような質問をされることがあります。

結論を述べると、**質問力は誰でも身につけられる**ものです。

ただし、なかには身につけるのに時間がかかる人もいます。

たとえば、先生や両親が質問を受けつけないような環境で育った子どもが当てはまります。「従順であることが当たり前」だと感じていたり、遠慮しすぎたりする人には、質問力が身につくにしても時間がかかる恐れがあります。

質問することに慣れていないだけということもあります。

つまり、どのような人であれ、慣れれば誰でも質問力を手に入れることができます。

では、この質問力はどのように向上していけばよいのでしょうか。

その質問力向上のカギは、工夫とチャレンジです。

質問することが苦手な人は少し前向きになって、友だちや家族に質問を投げかける回数を増やしたり、初対面の人が集まる場所に足を運んだりしてください。**質問はコミュニケーションの一つです**ので、多少の苦手意識があっても、失敗を臆することはありません。失敗しても次の工夫につながります。

現在は、ご近所さんや同僚など、人と人とのつながりが脆弱《ぜいじゃく》になりがちです。目の前に人はいるのに、心の中で孤独を感じてしまう人はこれから増加していくと思います。

人と人とのつながりがあれば、自分の存在意義も生まれやすくなりますし、大きな悩みがあってもその悩みを小分けにして相談することもできるかもしれません。

質問力を向上させるという目的に限らず、**少しだけでも人とつながる場所に行ってコミュニケーションを図ることが大切**になります。

コミュニケーションは「体験」です。

積み重ねれば積み重ねるほど経験値が貯まるものですので、失敗を恐れずどんどん行動をしていきましょう。**仮に失敗したとしても、考えて、自分自身に質問を行えば、驚くほど質問力は向上していきます。**

失敗も経験しなければ得ることはできませんし、行動したから失敗することができたと、前向きにとらえていきましょう。

人はＡＩとは異なり、失敗から気づくことができる存在です。失敗も経験値になります。失敗から得られた経験や工夫をすることは生きていくうえで、かけがえのない強みになります。

質問力を身につけるうえでもう一つ大切なことは、自分自身に質問をする**セルフトーク**です。セルフトークとは、自分の中で自分自身に質問をすることで、答えを導き出したり、漠然とした悩みを正確な悩みとして変換したりすることができます。

そして、このセルフトークをするタイミングとして特におすすめしたいのが、ネガティブな気持ちに支配されてしまったときです。

序章でも少し触れましたが、「もう自分はダメだ」という自分の声に対して、

質問「今はピンチだけど、どこかに可能性やメリットはないか？」

質問「転んでもただでは起きないためには何ができるか？」

などと前向きに問いかけるのです。

こういった質問は、「レジリエンス」に有効です。**レジリエンスとは逆境や困難に立ち向かい、物事をポジティブにとらえるための心理的リソース**です。質問の形だけでなく、自分自身への呼びかけや説得もレジリエンスに有効です。

負けん気が強い人でしたら、「もう自分はダメなのか？　いやそんなことはない」といった言葉で自分を鼓舞するのもいいでしょう。ネガティブな言葉に対して、自分を鼓舞することで、前向きになれることが研究でわかっています。

繊細な人の場合は、「今はちょっと休憩して、またがんばろう」といった言葉をか

けて、自分自身にそっと寄り添ってあげるのもいいと思います。

このように**自分の性格をよく把握して、自分のタイプに応じて自分への質問、投げかける言葉を変えていくこと**が大切です。

少しでも悩んだり、気になったことがあったりしたら、自分に質問や言葉がけをしていくことで、行動や思考が次第に変化していきます。

「現在」の自分とちゃんと向き合うことで、少しずつ未来が変化していくのです。

それと**同時に、他者への質問力も向上していく**ので一石二鳥といえます。

ここで、心理学に基づいて作成した「セルフトーク」のチェックをしてみましょう。

この尺度は、あなたのセルフトークスキルを10項目で評価します。各項目について、5段階評価で回答してください。

［回答方法］

全く当てはまらない	1点	あまり当てはまらない	2点
どちらでもない	3点	やや当てはまる	4点
すべて当てはまる	5点		

Q01	セルフトークにおいて、自分らしさを活かした言葉を使うことができる	1－2－3－4－5
Q02	セルフトークを課題解決に活用できる	1－2－3－4－5
Q03	セルフトークを活用し、自分自身をねぎらうことができる	1－2－3－4－5
Q04	具体的な言葉でセルフトークを行える	1－2－3－4－5
Q05	ネガティブなセルフトークを肯定的な言葉に変えることができる	1－2－3－4－5
Q06	今、ここでの自分に対して、問いかけることができる	1－2－3－4－5
Q07	前向きな感情を込めてセルフトークが行える	1－2－3－4－5
Q08	ポジティブなセルフトークを行うことを意識している	1－2－3－4－5
Q09	ネガティブなセルフトークも役立てることができる	1－2－3－4－5
Q10	自分の強みを活かしたセルフトークを行える	1－2－3－4－5

【合計点が24点以下】

セルフトークスキルが低めと考えられます。

自分自身への否定的なイメージが強く、課題解決にセルフトークを活用できていない可能性があります。まず、ネガティブなセルフトークを前向きなセルフトークへ変換する意識をもちましょう。


【合計点が25～34点】

セルフトークスキルは平均程度です。

自分自身への肯定的なイメージをもちはじめていますが、課題解決にセルフトークを十分に活用できていない可能性があります。


【合計点が35点以上】

セルフトークスキルが高いと考えられます。

自分自身への肯定的なイメージをもち、課題解決にセルフトークを効果的に活用できています。

結果において、低いと感じたところは、成長するための伸びしろと考えましょう。

自分自身が低めととらえているだけかもしれませんので、成長するためのヒントになります。**できるだけ、前向きに考えながら成長へとつなげていく**のです。

「自分に問う」と「他者へ問う」

質問力を向上するためにセルフトークの重要性を伝えてきましたが、自分自身に質問することと他者への問いは異なるものです。

セルフトークは、

質問 「自分はどう考えているのか？」

質問「自分はどのようにしたいのか?」

など自分の中で考えを整理したり、気持ちや感情の整理をしたり、顕在化するために行うものです。

一方、他者に対する質問というのは相手に寄り添いながら相手の考えや行動を尊重して、相手の考えを確認し、コミュニケーションへとつなげていくための手段となります。

このように**自分に問うことと他者へ問うことは役割が違う**のです。

自分へ問うことは自己理解を深めること。いわば軸は自分にあります。

他者へ問うことは他者理解を深めること。いわば軸は他者にあります。

表現すると簡単に振り分けられると思われがちですが、他者へ問うことは、他者を通して、自己理解にもつながりますので、**他者とコミュニケーションを図ることは、はじめは他者のためであっても最終的に自分のためにもなる**のです。

ここで他者への質問の意義を考えてみましょう。

大きく分けると12個の意義に分けることができます。

他者に質問を投げかけることで、話すきっかけが生まれ、そこから会話へと移行していきます。そして、相手の価値観や考え方、悩みなどを知ることができます。

また、その質問に答えた相手も考えや悩みなどを言葉にすることで、頭の中が整理できます。それによって、相手自身は気づいていないうちに、「自分で思考する」ことや「思考から生まれたアイデアを深化する」こと、「物事を見る視野を深める」ことへとつながっていきます。

つまり、**こちらが質問をすることで、相手は頭の中の漠然とした考えや悩みを言語化するために、頭の中を整理し、そして新しい自分に気づいて行動しやすくなっていく**のです。

質問は単なるコミュニケーションとしてのツールだけではなく、**相手の未来をもつくる力がある**ということです。

質問の意義

1. コミュニケーションの機会構築
2. コミュニケーションの促進
3. 相手の価値観や考えの理解の促進
4. 相手の思考の整理
5. 思考の転換の支援
6. 具体化の支援
7. 明確化の支援
8. 顕在化の支援
9. 相手の主体性を高める機会構築
10. アイデアを深める機会構築
11. 自分の洞察力を高める機会構築
12. 相手の洞察力を高める機会構築

自分と他人への質問、どちらが得意？

質問力で分けると、人には2つのタイプがあります。

他者への質問が得意なタイプと、自分への質問が得意なタイプです。

他者への質問が得意な人は、相手に対して積極的にコミュニケーションを取っていける人。

自分への質問が得意な人は、自分自身へ問いかけ、自分の内面に意識やエネルギーを向けていける人。

どちらが良い悪いではなく、タイプが違うのです。

そして、誰しもがこの両方の面をもっています。

つまり、人によって**内向的な部分と外交的な部分の比重が異なる**だけです。

質問力を高めるために、自分がどちらのタイプか把握することが第一歩となります。

「積極的なコミュニケーションが得意」だと感じる人は、まずは相手に積極的に質問していくところからはじめるのがいいでしょう。

「自分に意識を向けるのが得意」だと感じる人は、セルフトークで自己認識をはじめるところからスタートするのがいいと思います。

このようにまずは自分が無理をしない範囲で行えるほうを実践していきます。

そして、徐々に**得意なところから苦手なほうへと挑戦していき、割合を少しずつ変えていく**と、他者と自分への両方の質問力が高まります。

両方の質問力を使いこなせるようになってきたら、自分の内面を観察しながら相手の背景を考えて、相手に問いかけていく練習をしてみましょう。

自分の内面に、「何を話せばいいのか」や「どんなことを聞きたいのか」、「相手にどうなってほしいのか」など相手に関することを問いかけ、その意図をもって相手と話すということです。

考えながら話すことはとても難しいのですが、これができればコミュニケーションは以前より見違え、相手とのつながりはかなり強くなっていきます。

慣れるまでは、事前に相手に会う予定がわかっているのであれば、会う前の段階で自分に問いかけて話す準備をしておくのがよいと思います。

質問「相手は何を話したいのかな？」
質問「相手は今なぜ悩んでいるのかな？」
質問「相手はこの問題をどのように感じているのかな？」

このように、自分に問うお決まりの言葉があれば実行しやすいです。
これから経験を重ねて、自分だけの問いかける言葉を見つけていきましょう。

ここで重要なことは、「**ちょうどよく相手ベース」で質問を投げかけられているか**ということです。

相手に質問するのが得意と自分自身では思っていても、「ただ聞きたいことを言っているだけ」の可能性があります。相手の気持ちを配慮せずにズバッと聞くだけ聞いても、ただ相手は嫌な気持ちになるだけです。

また、自分に質問するのが得意な人に起こりがちなのですが、「言わなくていい」や「質問しなくてもいい」と遠慮しすぎることがあります。

これでは、無難な会話としては成立していますが、「相手の成長を促す質問」にはなっていません。**あくまでバランスを取っていくことが重要**です。

できることから実践し、**質問力のバランス**を身につけていきましょう。

質問力は、自分に優しくなる力

質問力が身につくことで最も変わるのは、自分への態度や受け止め方（自己受容）です。

他者にもそうですが、自分自身にも問いかけることで自分を受け止め、思いやりがもてるようになります。

この自分に思いやりをもつことを「セルフコンパッション（self-compassion）」といいます。

セルフコンパッションの具体的な例を挙げると、「管理職になりたくない」と思うビジネスパーソンをイメージするとわかりやすいと思います。管理職になると裁量労働性になり、残業代は減るのに残業時間が増えたり、休みが取りづらくなったり、部下を管理して注意や助言をしないといけなくなったりしてしまう企業が多くあります。何より、重い責任が肩にのしかかります。

以前から仕事よりプライベートを充実させたい、と考える人が増え、管理職としてキャリアを積むことを嫌がる人が増えていると思います。

なぜなら、現代は仕事より楽しいことが多い時代です。動画やゲーム、グルメなど、時間を費やしたくなるコンテンツが無数にあります。

コンテンツがまだ少なく、大人になると仕事をするという固定観念に縛られていた昭和の時代は、「仕事が何よりも大切だ」、「つらいこともみんなで乗り切ろう」などといった風潮が強くありました。

しかし現在は、仕事以外に楽しいものが多くあり、価値観の多様性も認められつつあり、そのようななかで、「マイナスを自分に課してまで、管理職になりたいと思わない」と考えるのは当然といえます。

これを受けて、近年若者が昇格のタイミングで職場を離れてしまうことが問題になっています。

悪い面で見てしまうと「責任感がない」と思われてしまいますが、良い面で見ると「**自分の価値観を大切にして、自分自身を大切にしている**」といえます。

これがセルフコンパッションの一つの形です。

質問「自分に対して思いやりをもって働くとは、一体どんな働き方なのか？」

これからの時代、仕事をしていくうえで、大切にしていかなければならない問いだと思います。

自分にとっての仕事の意義や意味、役割についても明確にして、自ら毎日を楽しく、面白くしていく姿勢が重要になってくるのです。

当時、組織としても、管理職の優遇や働き方を変えることを促し、昇進しても働きやすい環境をつくることが求められます。

「いい質問」とは何か

学校の授業やセミナー、会議などで、「いい質問ですね」という言葉を聞くことがあります。

この言葉が出るときは、その質問が相手に「クリティカルヒット」したときです。

これは**心に響いた質問**と言い表すこともできます。

自分がした質問が、「いい質問」だと言われると人は認められたと思い、うれしいものです。

では一体、この「いい質問」とはどんな質問なのでしょうか。

私は**「いい質問」の種類は3つある**と考えています。

一つは、「**相手がこれまで考えたことがなかったことに対する質問**」です。考えることでその人自身、新しい発見があったり、知的好奇心がくすぐられたりするような質問。

もう一つは、その人が「**今まさに話したいこと**」についての質問です。核心を突くような質問。

そして最後に、**相手の感情に訴えかけたり、心に響いたりする質問。**

ただ「いい質問」の解釈は、人によっても異なるものです。

ですから、もし、「いい質問ですね」と相手に言われたら、ぜひ「何が良かったのか」を自分自身で考えたり、聞いてみたりしてください。

自分自身で「いい質問」の理由を考えることで、その人の価値観や考え方の方向性がわかるかもしれませんし、相手に直接質問できる関係であれば、それにより、具体的に相手を理解できる場合があります。

「いい質問」と発言した**相手の核心に触れることができる可能性が高い**のです。相手に問いかけることは、相手の価値観やその人らしさを読み解く貴重なチャンスであり、相手と深くつながるチャンスといえます。

また「いい質問と言った理由を教えてください」と質問を投げかけられることはあまりないと思いますので、相手自身が深く考えるきっかけにもなりますし、相手にも「変わった質問をしてくる人」として覚えてもらえる可能性が上がります。

質問で広がるのは「会話」だけはない

質問は自分の視野を広げるのにも有効な手段です。

自分自身で考えたことがないことや自分の中に答えがない内容について質問することで、新しい情報が得られるからです。

そして、知識や見解の幅がぐんと広がります。

また、**質問のやり取りを通じて、相手とつながり、相手の価値観や考え方を知ることができる**場合もあります。

人は一人ひとり異なる価値観や考え方をもっています。

たとえば、「目標をもちましょう」と言われたとき、同じ言葉でも、成長の機会として「やる気」につなげる人もいれば、「重荷だ」「押し付けだ」と感じてしまう場合もあります。

そういった細かな部分から、人の考え方の違いを知ることはコミュニケーションにおいて非常に重要です。

同じ経験をしても、同じ言葉を聞いても、今まで積み重なってきた個人の価値観や考え方があるので、自ずと言葉の受け取り方は異なります。

質問は、その人のストーリーや背景を紐解《ひもと》いて、価値観を共有するのに有効なツールです。積み重ねていけば、相手との信頼関係を構築することができます。

学びと本質を掴む4つの質問

質問は視野を広げるだけではなく物事から学びを得たり、本質を掴んだりする手段としても有効です。

まず、当たり前のことばかりですが学びと洞察を深めるうえで、抑えておきたい具体的な4つの質問法を紹介します。

① What の質問

日本語でいうと、「何か?」です。

これは、**物事や言葉の定義を把握する際に役立ちます。**

たとえば、「レジリエンス」など、馴染みのない用語を学ぶ際に役立ちます。レジリエンスの意味を調べると「回復力・復元力」と出てきます。

ただ用語の意味を調べるだけではなく、ここから、さらにWhatで問いかけてみます。「回復力・復元力とは一体何のことなのか?」と、さらに問いかけていくと、困難なことに直面したときに、それを乗り越えて自分の精神面を回復する能力や強さのことだと理解できます。

そして、さらにWhatで問いかけてレジリエンスを調べると、もともとは物理学の用語であり、外力による歪みを跳ね返す力で使われていた言葉が精神医学や心理学の分野でも使われるようになったことがわかります。

このように、まず**物事や言葉の本質を掴む**ために、「What」の質問で理解を深めていきます。そうすることで知ったつもりでいた言葉でも、意外と知らなかった定義や解釈が出てきます。

つまり、「What」は最初の学びのきっかけにもなります。

② Whyの質問

日本語でいうと、「なぜ？」です。

疑問を抱くことで探究、好奇心へとつながります。

たとえば、先ほどのレジリエンスを具体的に経験したい場合に、Whyで問いかけてみます。「なぜレジリエンスが重要なのか？」と追求していくと、変化が激しい現代では逆境にさらされたりする機会が増えており、すぐさま状況を柔軟に立て直すためにレジリエンスが重要であるということがわかります。

「Why」の質問は、**本質に迫り、重要性を理解する**うえで役立ちます。

③ When と Where の質問

日本語でいうと、「いつ？　どこで？」です。

時間やタイミングと場所や環境などについて問いかけることで学びを習得しやすくなります。

レジリエンスに対して、「どのようなタイミングで、そしてどのような状況でレジリエンスは自分にとって活用できるのだろうか？」と、問いかけてみると、たとえば失恋したときなどの落ち込んでいるタイミングで、挫けずに次の恋をしようと出会いの場を探して前を向こうとすることに活用ができると知ることができます。

「When」と「Where」の質問は「Why」で理解した**本質を自分のどのような状況で活用できるか把握する**ことができます。

④ How の質問

日本語でいうと、「どのように？」です。

その技術や方法を自分が実践できるように、より具体的に問いかけることで**自分**

だけの活用方法を理解することができます。

レジリエンスの場合、自分はネガティブな出来事のあとにはすぐに動けないと感じていたのであれば、いったんリフレッシュすることで逆境力が出やすいなどと、より自分が実践しやすい方法を知ることができます。

「How」の質問は、**自分にふさわしい実践方法が理解できる**ようになります。

また、他者に問いかける方法で「**Know How**」の質問もあります。

日本語でいうと、ノウハウです。つまり、自分なりのコツです。

その人が当たり前に使っているやり方に対して、質問をすることで、相手の強みを発見することができます。

なぜなら、無意識に使っているその人のノウハウを強みとして明確化することができるからです。

そして、あなたがもっているノウハウを相手にアイデアとして、惜しみなくフィードバックしてみてください。

ギブ・アンド・テイクで、アイデアを提供することで、関係性が向上するとともに、互いの視野も広がります。

3つの「良かったこと」探し

ここまで、質問力とはどのようなスキルか、また質問力を高めるとどのような変化が起こるかについて説明してきました。

ここからは、簡単に日常のコミュニケーションに取り入れやすい質問を紹介していきます。

まず、大前提として質問をする際はすでに述べている通り、**相手に好奇心をもつ**ことが重要です。

そのうえで、相手が前向きになれるような質問を意識していきます。

聞くこと自体が相手を尊重することになっていて、相手の価値・意義を高めていくような質問を考えてみましょう。

たとえば、相手が楽しいと感じること、相手の特技、相手の長所などを聞くのもいいと思います。相手も「自分が興味のある話」なので、前のめりで話し出してくれるはずです。他には、「最近起こったことで、良かったことは何ですか」という質問も非常に良いでしょう。

ポジティブ心理学でよく使う技法に、「**スリーグッドシングス**（three good things）」というものがあります。

スリーグッドシングスは、**どんなに小さなことでもいいので、その日良かったことを3つ書き出す**シンプルなエクササイズです。

その日の仕事終わりや就寝時にその日を振り返りながら、良かったことを書き出して、なぜそれが起こったかについて考えてもらいます。

こうすることで、「**今日は何が悪かったか**」**という意識から、**「**今日は何が良かっ**

たか」に焦点を変えることができるのです。

これを質問形式にして、「**今日一日で良かったことを3つ教えて**」と家族や友人に尋ねてみてください。

その際には必ず、相手の中の「今日は何が悪かったか」という意識から、「今日は何が良かったか」に焦点を変える、という意図をもって問いかけてみましょう。もちろんこの方法は、セルフトークとしても活用できます。

一日の終わりに行う「重要な質問」

自分に対して、問いかけるメソッドに「一日の重要な質問」という質問技法もあります。

その際に使われる質問は、図に記載された5つです（ポジティブ心理学者ミハイ・

チクセントミハイのフロー理論と、エグゼクティブコーチのバートン・ゴールドスミスによるMOJO理論をかけ合わせて作成したもの)。

要は、その日起こった出来事に、「良い意味づけ」をしていく質問です。

この問いかけをすることで、**何気なくやり過ごしてしまう日常を自分に対して意味のある一日にする**ことができるのです。

より自己成長にフォーカスするなら、

質問「一日の活動でどのくらい成長できたか？」

という質問もいいと思います。

また、ネガティブな出来事があり、意識がそこに支配されている場合は、

質問「それにはどんなポジティブな意義があったか？」

と質問しましょう。

ネガティブな出来事に前向きな意味づけをしてあげるのです。

一日の重要な質問

1.「一日の活動で、どのくらい長期的なメリットを得ることができましたか？」

2.「一日の活動で、どのくらい短期的な充実感が得られましたか？」

3.「一日の活動で、どのくらい幸福感を得られましたか？」

4.「一日の活動で、今の活動をどのくらい熱中したり、楽しんだりすることができましたか？」

5.「一日の活動で、未来につながるような意義を見つけられましたか？」

これらの質問は基本的には、一日の最後、寝る前などにその日を振り返りながら行ったほうがいいのですが、忙しい毎日の中で自分に問いかける時間は限られているはずです。一週間、一カ月単位でも大丈夫ですので、定期的に続けることを意識して習慣づけていきましょう。

自分の中で無理がない範囲で、「人生をより良くする」という意識をもって生活したほうが人生は有意義になっていきます。

今日行う「楽しいこと」を考える

「一日の重要な質問」を自分の生活の中に入れ込むことができたら、朝起きてから「今日一日この楽しいことをやっておこう」と何か一つ決めたり、楽しくなるようなTO DOリストをつくったりする方法もあります。

まずは前向きに楽しい気分で、これらの方法をノートなどに書き出します。

書き出してから必ず、「**そこにどんな意味があるのか**」を探しましょう。
そうすれば、目標をもってその日を行動できますし、一日の終わりに後悔することが少なくなります。

また、仕事をしていると朝は「しんどいな」と感じる人も多いと思います。
その場合は、「今日はこういったことができる」という期待、希望を自分自身にもたせる意味でも、単語レベルでよいのでノートやスマホのメモなどに書き出しましょう。

誰かに見せるわけではないので、自分だけが理解できればいいのです。そうすればその一日は充実しやすく、ポジティブな出来事に目を向けやすくなります。

ここでノートやスマホのメモなどに書き留めておくことが大切な理由を説明します。実は書いて終わりではなく、そのリストを後日もう一度振り返り、「達成できたところ」に目を向けるためです。

たとえば、月単位で見て、自分が小さいことはちゃんと達成できていると感じたり、達成できてなかったとしても「大きい目標を掲げすぎている」と気づけば、もう少し日常に寄り添った「目標」をつくろうと思い立ったりすることができます。

この際に注意しなければいけないことがあります。

それは、**もしも「できなかったこと」があったとしても、自分を責めないことです。**

なぜなら、そもそも人はどうしても、「達成できなかったこと」のほうが頭に残りやすいといわれているからです。

これを「**ツァイガルニク効果**」といいます。

人は達成してしまったことについては、当たり前になって、忘れてしまい、記憶に残りにくいという性質があるということです。

だからこそ、**良かったことを強く記憶に残し、次のエネルギーに変えていくという意識をもちましょう。**

後悔したことについても、無理のない範囲で、「明日挽回していこう」、「明日をより良いものにしていこう」などと、改善につなげるように方向転換して、前向きな気持ちに切り替えていきましょう。

「無理のない範囲」がとても重要です。

先ほどから多用しているこの言葉ですが、誰かに言われて強制的に行ったり、自発的にスタートしたもののの自分のルールに縛られて行っていたりすると、前向きに楽しく行えなくなるためです。

前向きに楽しく行動して、自分の経験値を重ねながら習慣化していきましょう。

第2章

相手のことを考える「問いコミュニケーション」

質問で信頼を築く

さて、第2章では、より良い人間関係を構築するために、質問をどのようにコミュニケーションとして用いていくかを説明していきます。

自分と相手に対して、共通になりそうなことを質問し、対話を重ねるごとに相手との仲が深まり、信頼関係を構築できます。

その理由は、「**共通体験**」が生まれるからです。

「二人で何度も深い会話をした」という**共通の体験が増えることで、人間関係は深まっていく**のです。

同じ学校の同級生や会社の同期と仲良くなりやすいのも同じ理由です。共通の体験をすることで、人間関係に深みが出ていくのです。

同様の理由で、「**近接性の法則**」というものもあります。

こちらは単純ですが、距離的にも近く、**何回も繰り返し会っている相手のほうが信頼関係を得やすい**というものです。

また、質問を介したコミュニケーションでは「**自己開示**」も行われやすくなります。

自己開示とは、自分の考えや気持ち、それまでの生い立ちなど、個人的な情報を他者に知らせる行為です。

これらの**プライベートな情報を知ることで、人間関係がより深まっていく**のです。

人の心を動かす質問とは?

誰かと信頼関係を構築するためには、相手がつい前のめりに答えてしまったり、心に響くような質問をしたりすると、よりスムーズに構築できます。

では、それはどんな質問なのでしょう。

まず、相手が非常に興味をもっている事柄や楽しいと感じている事柄についての質問です。

「**推し**」について聞くのもその一つといえます。

相手の核となる価値観に寄り添っているような質問もいいと思いますが、これは質問をする相手やシーンによっても変わってくるので、意図して行うのは難易度が高いです。

ある程度互いに知り得た仲であれば、その人の生きている軸となる価値観などにも触れることはできますが、初対面では難しいといえます。

相手が興味をもっている質問をするにあたり、相手の好奇心に気づかなければなりません。

さまざまなコミュニケーションを図るなかで、相手の動きをよく観察し、目がキラキラ輝いていたり、前のめりになっていたり、「**これはすごく心が動いているな**」、「**ワクワクしているな**」と気づこうとする意識が大切です。

気づきを重ねることで、心に響く質問がしやすくなります。
そのために、**相手に興味をもってみて、感じることが重要**です。

一方で、相手の心に届いていないような間違った質問をしてしまったとしても、「なぜ興味を抱かれないのか？」と紐解いていく配慮は必要となります。

心に響く質問は人によって異なります。

まずは、その人が楽しいと感じることやその人らしさからどんな質問がいいのかを考えてみてください。相手から、「実は……」、「誰にも言ってなかったんだけど……」などの言葉が出てきたら、それは相手の心に響いている証拠ですし、あなたが信頼されてきた証しといえます。

もし相手とある程度近しい関係性であれば、「これまで誰にも言ってなかったことある？」や「今まで話していないことで、何か話しておきたいことはある？」、「本心はどうなの？」などと、改めて聞いてみるのもいいでしょう。

ただし、まだ関係性が構築されていないときに「これまで誰にも言ってなかったことある?」といきなり聞いても相手は答えてくれません。つまり、タイミングは大切なのです。

信頼関係が築けたからこそできる質問があることを知るのは大切です。

信頼関係の構築には、「成功の循環(Theory of Success)」というものがあります。これは、マサチューセッツ工科大学(MIT)組織学習センターのダニエル・キムによって、提唱されたモデルです。組織の状況を動的にとらえ、質の高い信頼関係づくりや組織づくりに活用されています。

これは、関係性・思考・行動・結果の4つの質が高まることで組織の成功を目指すモデルですが、コミュニケーションや人間関係においても役立ちます。

「**関係性の質**」とは、主に人間関係を示します。

個人だけでなく、別の組織との連携なども含まれています。

［成功の循環］

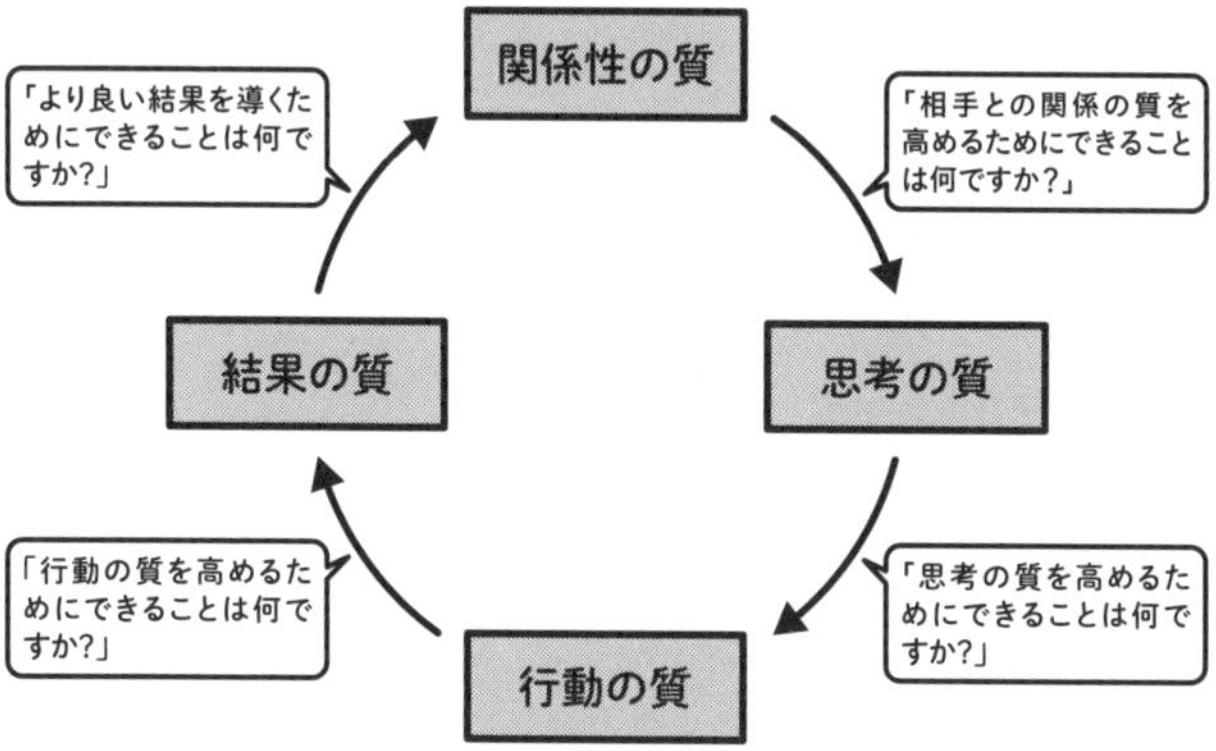

（ダニエル・キムのモデルを応用して作成）

お互いの強みでシナジー効果が高まるように対応します。シナジー効果とは、**複数で連携し協力することにより、単独で生み出せるもの以上の成果を得られる**効果のことです。協力関係や信頼関係にも関わり、コミュニケーションを実施していくうえで重要です。

関係性が構築できていないと、質問、傾聴、フィードバック、いずれもうまくいかないことがあります。

「**思考の質**」とは、考える力に関わります。

考える力を向上させるためには、さまざまな思考法を学んでいくのが望ましいです。すでに紹介しているクリティカル・シンキングをはじめ、メタ思考、ポジティブ思考なども役立ちます。

「**行動の質**」は、パフォーマンスに関わります。

効果的・効率的な行動を検討して、結果につながるような具体的な行動を促します。新たな行動パターンやルールを取り入れ、実践することがまず大切になります。

「**結果の質**」は、まさしく結果であり、成果です。

どんな結果であっても、物事をやり遂げたという達成感を大切にします。お互いの成果を認め合い、達成感を味わい、祝福して、次なるエネルギーにつなげていきましょう。

誰かの不幸を喜ぶのは、人間の本質

人の心を動かすためには、ある出来事について「ポジティブな面とネガティブな面」や「したいこと、したくないこと」などを2つ合わせて質問していくのは非常に有効といえます。

これは「**ダブル・クエスチョン**」といって、こちらが、**「相手に関心がある」、「興味をもっている」という姿勢がしっかりと伝わる質問**なのです。

対人関係で注意したいのが「**シャーデンフロイデ**」です。シャーデンフロイデとは、「**人の不幸を喜ぶ気持ち**」を意味します。

些細なきっかけから、つい誰かの悪口で盛り上がってしまうことは誰でも経験したことがあると思います。

これは、人の性格というよりは人の本質といえます。この本質のせいで、共通の知人の悪口などを聞くと、つい巻き込まれて一緒に言ってしまう可能性が高くなるのです。

しかし、**ネガティブな気持ちを相手と共有体験すると、誰かを傷つける結果になりかねません。**仲間意識は生まれるかもしれませんが、自分も相手もあとで「悪口を言ってしまった」と傷ついてしまいます。

「人を呪わば穴二つ」ということわざがあります。「他人に害を与えれば、自分も害を受ける」という意味ですが、本当にその通りで、悪口を言うと、あとで自分に必ず罪悪感や後悔が芽生えるものです。

ですので、もし悪口が出たときは、次のような言葉で話題を変えましょう。

質問「ちょっとその話は置いておいて」

質問「その話題はやめておこうか」

このように話題を逸らして、会話の焦点を変えましょう。

愚痴は徹底的に聞く

ネガティブな面について質問すると、愚痴ばかりになってしまう人もいるかもしれません。

そんなときは、「**愚痴ワーク**」がおすすめです。

愚痴ワークとは、3分間程度の短い時間で徹底的に相手の愚痴などネガティブなことを話してもらいます。

つまり、**相手が抱えているストレス、ネガティブ感情を吐き出してもらうワークです。**

確かに、愚痴はあまりいいものとはいえませんが、抱え込みすぎるのはそれはそれでよくありません。「この人なりに何かしたい、変えたいと思っているんだな」と前向きに相手の愚痴を受け止めて、相手の悩みや問題を前向きに転換できるように、質問していきましょう。

質問「今その状況を変えるためにできることは何かな?」

質問「嫌な相手かもしれないけれど、相手の行動で、何か一つでも見習うべきことはある?」

などといった質問で、ネガティブなエネルギーを人への攻撃ではなく、成長へとつなげられるように促します。

「人の不幸を喜ぶ気持ち」が人の本質にはあるので難しいのですが、その本質も理解しながら、**相手が不満に思っている欲求を他のことで満たせるように質問で導く**ことが大切です。

もし可能であれば、相手の願いを叶えられるようにしましょう。

「感じのいい人」は質問の達人である

ここで突然ですが、身近にいる「感じのいい人」を思い浮かべてみてください。

その感じのいい人は、あまり自分語りをしていないのではないですか？

きっと、自分から前のめりになって話すのではなく、相手の話に前のめりになって質問をしているのではないでしょうか。

そう、**「感じのいい人」はだいたい質問の達人**なのです。

そして、こういった「感じがいい」と思われる人に共通しているのは、「傾聴」の姿勢があることです。傾聴の基本は、**うなずき、相手に関心を寄せ、注意をもって話を聞くこと**にあります。

次に会話のペースも重要です。相手が**安心できるよう、ゆっくりと話す**。または、相手と同じペースで話すことを意識します。

さらに声のトーンも、**優しく温かい声色**を心がけます。加えて、表情です。なるべく**笑顔でいること**を心がけてください。話の配分についても、質問をする際は、相手の話を促していく意識をもつとうまくいきます。

「**聞き役に徹する**」とあらかじめ役割を意識して、決めておくのもいいでしょう。

簡単なコツばかりなので、ぜひ試してみてください。

人は無意識に自分の話をしてしまう

先ほど、「聞き役に徹すると決めておく」と伝えしましたが、なぜ決めないといけないのか。

それは、「**人は自分の話をしたい**」というのが**人間の本質**だからです。

人間には「自己中心性バイアス」があり、無意識に会話を自分の土俵にもってい

こうとしてしまう性質があります。

自分が主体でありたいと思っているため、会話で相手の土俵に連れて行かれたり、相手の話に流されたりするのを本能的に「怖い」と感じます。

これをスポーツでたとえると、敵陣で戦っているようなものといえます。そのため、つい、自分の陣地に会話をもってこようとしてしまうのです。

「そういえば」

「今思い出したんだけど」

「その話はちょっと置いといて」

このような言葉で相手の話を遮ったり、腰を折ったりした経験があると思います。

これを逆の視点から考えてみます。

「え、今私が話してたんだけど……」

「人の話を遮ってまで言うことじゃないでしょう……」

などと思ってしまうのではないでしょうか。

自分の土俵で話したいのは、当然ながら相手も同じはずです。

だから、質問に限らず**会話をする際は、相手の土俵に乗って会話を盛り上げようという意識をもつ**と、よりコミュニケーションを楽しんでいくことができます。

これは人間関係において、非常に大切なポイントです。

ぜひ、自分中心ではなく、あえて「**相手が気持ちよく会話をできる土俵で質問する**」ことを、心がけましょう。


とはいえ、完璧主義になる必要はありません。

いつの間にか自分の土俵にもっていってしまったり、ちょっと相手とぶつかってしまったりしても大丈夫です。

そうなった場合に「自分は会話が苦手」と思って落ち込むのではなく、相手の会話を楽しむ、そのコミュニケーションの場をなるべくいい時間、意義のある時間にしていこうと思うことが大切といえます。

「誘導」と「可能性を引き出す」質問の違い

「今日残業できる？」

上司にこのように聞かれて、予定があったけど断れなかった。

そんな経験はないでしょうか？

質問を介したコミュニケーションには、注意すべきところがあります。

この「残業できるか」という質問のように、上司から部下に意見を聞いたり、「自発的に行動をさせよう」と考えたりした質問のつもりでも、実は誘導してしまっていることがあるのです。

なぜそうなってしまうのか。

それは、上司や会社の期待が、無意識に「質問の意図」として相手に伝わっているからです。これは企業だけでなく、親や先生から子どもに向けて行われる質問でも十分あり得ることです。

非常に難しいことですが、上の立場から下の立場の人に質問をする際には、**「相手に期待はしても可能な限り誘導はしない、相手の意見を尊重する」という意識をもって質問することが大切です。**

たとえば部下相手に、「今日は残業したくないだろうな」と思っていながら、仕事の進行上、「今日残業できる？」と質問しなければならないときがあったとします。上司が言うとなかなか断れないとわかっていながら質問すると、相手が望まない結果への誘導になってしまいかねません。

そんなときは、**相手を尊重しながら自分も尊重できる質問**をしましょう。

質問「どうやったら残業をせずに、この仕事を明日手分けしてできると思う？」

質問「明日別の仕事をフォローするから、朝一にこの仕事を急ぎでやってもらえるかな？」

このように相手の立場に立ちながら、ちゃんと自分の意見も伝えるように、**最適解になる方法を一緒に考えていきます。**

多くの企業で効率よく「いかに残業を減らして成果を上げていくか」が求められている現代。このように、お互いが納得できる妥協点を探り、仕事の成果を出していくための質問力はますます求められていきます。

相手の自尊感情の琴線に触れるように、「あなたがこの会社に必要だ」や「この会社で活躍できる」といった言葉で訴えかけ、動機づける方法もあります。ですがそれが相手の考えと違う場合、負担やストレスなどのプレッシャーになってしまうことがありますので、十分注意が必要です。

状況がより良くなるように導いていく、「**ポジティブな導き**」もあります。

たとえばモチベーションが高いとはいえない部下に対して、「これやってみたい」や「面白そうだな」などと、内発的な動機づけにつなげて相手のやる気や可能性を引き出す質問は「ポジティブな導き」です。

あくまでも、できる限り**相手が「自分で意志をもって状況をコントロールしていける」ようにするためのガイダンス的な導き**です。

自動車教習所の指導教官をイメージするとよりわかりやすいかもしれません。車に乗れるようになるまで見守っていく、自分でハンドルを握れるようになるまで導いていく役割だということです。

相手の立場を考えつつも、自分の意見をしっかり伝え、一緒に答えを探していくことがコミュニケーションという質問力なのです。

指摘は「PREP法」を意識して、「RPEP法」で伝える

上司から部下への指示においては、その指示をする具体的な理由をきちんと語っておくのがベストです。

ビジネスの現場でよく使われる伝達手法に、「PREP法」があります。

まず大事な結論から伝え、その理由を明確にし、具体例を提示しながらより相手に理解してもらえるように伝えていき、最後にまとめとして、もう一度結論を提示します。

この順番で物事を伝えていくと、わかりやすく相手に伝わり、相手も納得しやすくなります。プレゼンなどでもよく用いられています。

「PREP法」の良いところは、心理的にも初頭効果、終末効果、反復学習、わかりやすく説明する精緻化にも関わっています。

[伝達手法]

PREP法

P = Point(結論)　「～が大切です」

R = Reason(理由)　「なぜなら～」

E = Example(事例、具体例)　「具体的には～」

P = Point(結論を繰り返す)　「つまり、～が大切です」

RPEP法

R = Reason(理由)　「～のために」

P = Point(結論)　「～が大切です」

理由を枕詞にして、セットにすることで、理由を忘れないで伝えることができる

E = Example(事例、具体例)　「具体的には～」

P = Point(結論を繰り返す)　「つまり、～が大切です」

簡単にいえば、最初と最後のことは、印象に残りやすく、反復して、繰り返し伝えることで、記憶に残りやすい点、具体的に説明することで、相手に伝わりやすくなるというメリットがあります。

ただ、日本語だと、少し工夫したほうがよい場合もあります。

PREP法は英語を中心とした方法であり、日本では、単刀直入に言われると、抵抗感が生じることがあるからです。

私はこれまで、PREP法の研修なども実施してきましたが、理由が抜けてしまったり、具体例と理由が混ざったりしてしまうケースもありました。

そのため、理由を伝え忘れないように、まず理由を枕詞として伝え、ポイントを主張したほうがよいと思います。

理由をはじめに伝えることで、相手は次にくる内容が予測できるようになります。察する文化の日本にはRPEP法が適していると私は考えます。

相手に話をする際に、主語、理由、具体例を忘れないように意識して、話してみましょう。それだけでも、とてもわかりやすく、説得しやすくなります。

メリットの質問

ただし先ほどのように、残業を相手が望まないのに指示をしなければいけない場合は、お互いの状況を共有し、お互いのメリットになる結論を出せるよう話し合っていくのが原則です。

「メリットの質問」は行動の動機づけに関わる質問であり、**人はメリットがあることを求める**という原則に基づきます。

また、メリットの質問をすることで、「役立つことはないか」、「相手が喜ぶことはないか」と、相手の立場で考えやすくなります。

これからはトップダウンではなく、立場に関係なく尊重し合える組織文化をつくっていくことが大切になってきます。

逆にいえば、「好きだからつい働きすぎてしまう」という人もいるので、そういった人のフォローも上司の仕事になってきます。

残業を減らして状況を変えていけるように、相手を尊重できる質問をしていく。上司であっても部下であっても、相手の状況を考えることが最も大切です。

子育てに役立つ質問

質問は子育てにも役立ちます。

私が子どもとの会話で最も大切にしているのは**好奇心の育成**です。

「お空が青いね」

「今日は暖かいね」

このような子どもの何気ない言葉に対して、好奇心を育む質問は次の通りです。

質問「なぜかな？」

質問「どうしてかな？」

子どもに考えてもらうように質問をして、子どもの興味を掻き立てていくのです。

何か困ったことが起こったときに、「どう乗り越えていけばいいのか」と質問を投げかけて、一緒に考えるのもいいでしょう。

ネガティブをポジティブに転換する質問はとても有効です。

質問「今は悲しいけど、楽しくできる方法はないかな？」

質問「転んじゃったけど、起き上がるために何ができるかな？」

「**リフレーミング**」の質問もおすすめです。

リフレーミングとは、**普段と異なった視点で物事を見ること**で、肯定的な考え方や解決策、可能性や希望につながるアイデアを発見する手法です。

ネガティブに感じていることでも、「あえて肯定的に見るとしたら、どのようなことに気づけるか」というように考えることです。

子どもに聞く際には、たとえば失敗した経験を前向きにとらえるために次のように問いかけていく形がいいといえます。

質問「その失敗にはどんな意味があると思う？」

質問「どんな学びや成長につながると思う？」

物事を楽観的にとらえて、**転んでも自分で立ち上がっていける思考力をもてる**ようになります。

見方を変える柔軟性がもてるようになり、状況を好転させていくうえで役立ちますし、質問をすることでその子自身が考えて行動するきっかけにもなります。

そして、これは質問全般にいえることです。

「相手自身が考えて行動できるようにしていく」ことが、質問をするうえで最も大切だと私は考えています。

注意すべき点として、親が一方的に選択肢を提示しないことです。「こっちとあっち、どちらがいい？」と回答を選ぶだけのような質問をすると、子どもの可能性を狭めてしまいます。

その質問方法だと、いずれにせよ親の意向に沿った答えしか返ってきません。

つまり、**子どもが主体的に方向性を決めるためのサポートを親がする**ということです。親として、子どもに「自分で考えて行動する」ことができるようになってほしいと願う人は多いと思います。

自分で考えて、情報を探し出し、そして自分で選んでいく力は、これからの人生で必ず必要になるものです。

日本の教育はこの「自分で考えて行動する」ことについてのプログラムがまだまだ脆弱です。自分で意思決定をすることがない、受け身の教育体制が中心のため、コミュニケーションについても自信がない子どもが多くいます。

だからこそ、**幼少期から質問を重ねることは非常に大切**です。

うまくいっている人は他者視点で自分を見ている

自分に問いかけることがうまい人は自分を俯瞰視できているともいえます。

「**メタ認知**」という言葉を最近よく聞くようになりました。

メタ認知ができる人は、仕事や人間関係がうまくいっているともいわれています。

メタ認知とは、**自分の視点より一段上の立場から物事を見ること**を指します。軍師のように、「今自分がどういった状況にいて、どのような行動をしていけばいいのか」を俯瞰して、判断するということです。

たとえば、自分が今ネガティブで「何にもやりたくない」という状態にいるとします。メタ認知ができる人は、そういう自分を客観的に見て、「今日は少しこれをやってみよう」と行動して、状況を変えていくことができます。

今置かれている自分の状況を冷静にとらえられるという意味です。

[メタ認知と自分]

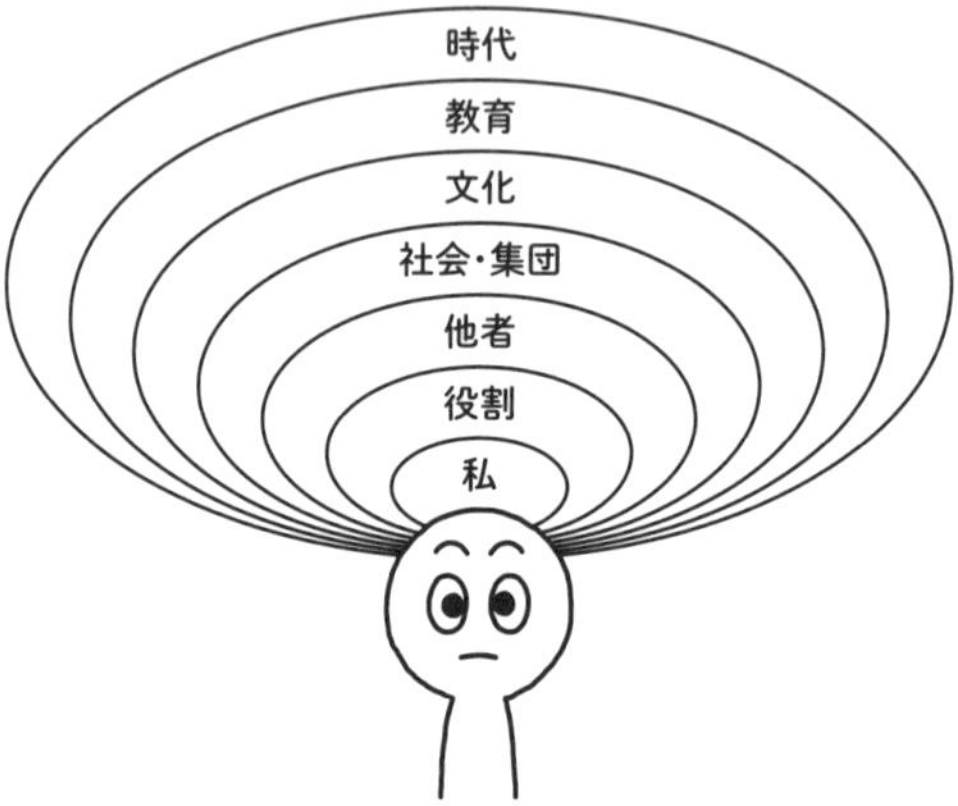

また、物事を俯瞰的にとらえたときに、肯定的に常識を疑い、より最適な方法はないか検討できます。先入観をもたず、「**～かもしれない**」と考えることで、物事についての可能性を考えられるようになります。

なかなか客観的にとらえることができない人は、ゲームの主人公を自分に見立て、その主人公をコントロールしているつもりで行動するとよいです。

コントロールする前に、まず自分の現在のレベルやステータスを考えます。「自分はどんなスキルや特技をもっているのか？」と自分自身に質問してみます。

反対に、「自分はどんなことが苦手で、他のメンバーとどんなふうにパーティを組んでいけばいいのか？」などと、弱点から考えるのもよいと思います。

ＲＰＧのゲームでは、勇者、戦士、僧侶、魔術師など、それぞれに役割がありま す。「自分はどんな役割で、どういったメンバーと仲間になっていけばいいのか」を考えるのです。

置かれている状況や自分自身の強み、弱みなどをまずは俯瞰して全体像を掴んでから戦略を考えていきましょう。

考えて行動し、自分の人生のハンドルを自分で握って、自分でコントロールしていくということです。

感情とバイアスに振り回されない

メタ認知の知識を手に入れ、これから実践で身につけていくために注意しなければいけないことがあります。

それは感情です。

なぜなら、**人間はとかく感情に流されやすい**生きものだからです。

たとえば、「自分が今本当にしなければならないこと」よりも、「自分のやりたいこと」に目を向けてしまった経験のある人は多いのではないでしょうか。

子どもの頃、つい宿題よりもゲームをしてしまった経験があると思います。それは感情に流されているということです。

このように、**感情が入ると客観的に物事を見るのが難しくなってしまう**ので、判断する前に一度立ち止まり、**感情と事実を分ける習慣をもつ**ことが大切です。

さらに人の考えには、**「現状維持バイアス」**も働きます。

「自分たちの会社はずっとこうしてきたのだから、ひとまず現状を維持したい」、「ずっとこういう政治をやってきたのだから、法律を変えたくない」などと言う人を見たことがあるはずです。会社や国レベルですらそうなのですから、個人が「現状維持バイアス」を打破するのはなかなか難しいことです。

他にも、集団でいると大勢の意見が正しいと思ってしまう「集団バイアス」、自分に都合の良い情報ばかりに目を向けてしまう「確証バイアス」、自分だけは大丈夫だと思ってしまう「ポジティビティバイアス」、ネガティブなニュースを知らずに見てしまう「ネガティビティバイアス」など、私たちの視点はこのようにバイアスという思い込みだらけなのです。

自分をも含めて俯瞰視することで、思い込みに気づき、**「本当に今何が重要なのか」**を考え、周りの人と議論して**行動に移していくこと**が大切です。

この思い込みに気づくためには、人間の特性や社会、業界、分野、組織について、広く情報収集をすることが必要です。
また、序章で取り上げた「クリティカル・シンキング」や第2章で説明した「リフレーミング」「メタ認知」も非常に役立ちます。

視野を広げて、物事の一部ではなく、より多くの部分を見られるようにしましょう。「私」「役割」「他者」「社会的集団」「文化」「教育」「時代」などさまざまな観点から、自分の状況の本質を見極め、把握して、状況を改善できるように行動していくのです。

きっと、現在や未来に展望が開けるようになります。

第3章

結果を出すための「問う力」

「問う」で導く力を高める

「自分はリーダーに向いていない」と言う人がよくいます。

しかし、リーダーシップは質問で高めることができるため、今リーダーに向いていないと感じていても安心してください。

質問でリーダーシップを高めるために最も重要なのは、**「自分にとって今、何が大切なのか」**を自分自身に問うことです。

その答えを基盤に、**まずは自分に対してリーダーシップを発揮していく**のです。それができれば、部下の意見も尊重できるようになっていきます。

そして、この問いを社会貢献まで広げていけたら、さまざまな場で自分らしく活躍できるリーダーへとなっていけます。

リーダーというと、「カリスマがある人」、「指示・命令する人」、「答えを出す人」を思い浮かべるかもしれませんが、それは一昔前の話です。現代に求められるリーダー像ではありません。

あくまでも**現代のリーダーは、相手自身で課題に気づいてもらう、相手自身が主体的に成長できるように働きかけていく存在**です。現代では、相手の人生や仕事を最適な状態に導くことが大切なのです。

つまり、**すべての人にリーダーシップが必要とされています。**

なお、自分が面倒だったり、責任を取りたくなかったりするために、「自分で考えてね」と突き放すような上司もいますが、それはただの放置であり、リーダーのあるべき姿ではありません。必要に応じて手を差し伸べることが大切です。

いかに相手の成長につながるか、どうしたら自分にとっても相手にとっても良い未来になるかを考えながら、職場や組織全体を俯瞰して行動していくことが大切です。

リーダーとして寄り添って、気づきを促していきましょう。

現代の導き手であるリーダーシップの高め方

それでは、リーダーシップとはそもそもどのようなものなのでしょうか？

リーダーシップを身につけるうえで、まず知っておくべきことは「**エージェンシー**」という概念です。エージェンシーは近年注目されている教育分野の考え方で、「**変化を起こすために自分で目標を設定し、振り返り、責任をもって行動する能力**」とＯＥＣＤ（経済協力開発機構）により定義されています。

環境問題や国際問題などで先行き不透明かつ、予測が困難な現代を乗り越えていくためには、「**結果を予測して目標を設定する力**」や「**目標実現に向けた計画立案力**」、「**自分が使える能力や機会を評価・振り返り、自身のモニタリングをする力**」、「**逆境の克服力**」などが不可欠です。

このエージェンシーは、まさにこれらの能力を表しており、さらに、その能力を使って変革を起こす力として期待されています。サステナブルな社会の実現のために、未来の担い手である子どもたちに期待される原動力ともいえるものです。

私は、組織のリーダーも、そしてチームメンバーの立場だったとしても、このエージェンシーの能力を身につけるべきだと考えています。

そして、生涯にわたって成長させていく意識をもつことが大切だと考えています。企業人としてもですが、一社会人として、環境がより良くなるように責任をもって生きていくということです。

そしてチームメンバー間でも、「この事業で社会、環境に貢献できることはないですか？」など、サステナブルな意図をもって質問することが、エンゲージメントの強化にもつながっていきます。

求められる新しいリーダー像とは

時代が変われば求められるリーダーは変わっていきます。
では、今求められているリーダーとは、どのような人なのでしょうか。

私が「今の時代のリーダーの姿」だと感じているのは、「サーバント・リーダーシップ」です。サーバント・リーダーシップとは、マネジメントの研究や開発、教育に尽力したアメリカのロバート・グリーンリーフ博士が1970年に提唱した、「リーダーとなる人は、まず相手に奉仕し、そのあと、相手を導くものである」という哲学に基づくリーダーシップ論です。

日本では、「**奉仕型リーダーシップ**」や「**支援型リーダーシップ**」などとも呼ばれています。サーバント・リーダーは、チームメンバーへの**奉仕や支援を通じて、周**

囲からの信頼を獲得します。

そして、チームをサポートしながら一緒に協力して目標へと向かう状況や環境をつくり出していきます。チームメンバーを尊重しながら褒めたり、気を使いながらチームが力を発揮できたりするようにサポートするリーダーです。

また、一つの現場で一人だけがリーダーというわけではなく、「それぞれが、それぞれの立場でリーダーシップを発揮できる」環境づくりが重要視されています。

このようなリーダー像は特に、「失敗が許されない」危機管理が必要な現場でも求められています。監督者も含めて、そこで働く全員が「当事者感覚」をもってリーダーシップを発揮できなければ、万一のミスに気がつけず、安全や人命を守ることができないからです。

一方で、キャリアやリーダーシップ論の大家であるエドガー・H・シャインが著書『謙虚なリーダーシップ』（英治出版）で説いた「ハンブル・リーダーシップ」も、昨今注目されるリーダー像です。ハンブル・リーダーシップは、「謙虚なリーダーシップ」と日本では訳されています。

ハンブル・リーダーシップにおけるリーダーは、最初に自分の弱点を認めてチーム内で共有し、そのうえでチームメンバーの弱点や多様性も理解して受容しようとします。**お互いを受け入れて、補い合えるチーム構築を目指すリーダー**です。

このようなリーダーシップは日本の社会において最も必要なリーダー像といえます。

リーダーが守るべきはメンタルヘルス 教官から共感へ

この2つのリーダー像に共通するのは、「**リーダーの共感力**」です。

現代は、教官的なリーダーではなく、共感できるリーダーを目指すことが大切になっています。

ではなぜ今、共感的なリーダーが求められているのでしょうか。

それは、リーダーとチームメンバー、両方のメンタルヘルスが関わっています。

そもそも人には、心理的反発心（リアクタンス）があり、誰かに指示・命令をされるのが好きではないという性質があります。そのため指示・命令を受けることが、時に大きなストレスになってしまうことがあります。望まない指示や、威圧的な態度を伴った命令ならなおさらです。

だからこそ、**職場をおおらかで働きやすい雰囲気にしてくれる共感力があるリーダーが求められている**のです。


特に最近では、「コンパッション」をもったリーダーが求められています。つまり、**コンパッション・リーダーシップ**です。

コンパッション・リーダーシップは、**失敗した人たちに対して、自己批判を回避し、自己受容を促し、思いやりのある配慮をして、前に進めるように勇気づけを行えるリーダー**です。

私の研究では女性のほうが得意な傾向があり、男性は苦手な傾向があります。コンパッション・リーダーシップは、「心理的安全性を担保してくれるリーダーシップ」にも関わります。

ですがこれも一元的ではなく、対話型のリーダーや逆境に対して立ち向かっていけるリーダー、組織が困難な状況になっても方向性を示していけるリーダーなど求められるリーダーは企業によって異なります。

しかし、どんな業界、時代にせよリーダーに必要な要素があります。それは、「**目標達成力**」と「**人間関係構築力**」の2つです。**リーダーには、メンバーを1つの目標に向かわせるように道を示していく力と人間関係を円満に維持していく力が必要**なのです。

さらにもう一つ重要なのが、**リーダーの**「**自己効力感**」です。

自己効力感とは、「目標を達成する能力を、自分自身がもっている」と認識する力です。ストレス耐性やレジリエンス、パフォーマンスに関わります。自己効力感は、アルバート・バンデューラというカナダの心理学者が提唱した概念です。

これを踏まえ、リーダーの自己効力感とはすなわち、**「自分はリーダーとしてやっていける」という自信**です。

自信があることで、チームが一致団結していけるように、周囲の人たちをうまく味方につけたり、目標達成に向かう推進力として巻き込んでいったりすることができます。

また、何か問題や障害が起きた際に、「克服することができる」という自信も、リーダーの自己効力感に含まれます。

「エンゲージメント」で成果を上げる

企業で働くリーダーの最大の仕事は、「目標を達成するために人を動かす」ことにあります。

ただし現代では、「動かす」のではなく、チームメンバーが「動きたい」と自分から思ってもらえるように、**主体性を高めていくことが重要**な役割です。

相手のモチベーションを高めながら成果や生産性を上げることが求められているのです。単にモチベーションを上げるだけでは成果につながりません。

反対に、成果が上がっても相手に強いストレスとなっているようでは意味がありません。

そのためには、リーダーがチームメンバーに貢献して、メンバーからも貢献されるコミュニケーション能力が必要となります。

さらにいえば、現代の尊敬されるリーダーには、企業の利益を超えて、**ウェルビーイングや社会貢献の要素も必要になってきています。**

このようなチームのあり方は「**エンゲージメント**」といわれます。

エンゲージメントとは、従業員が勤務先の企業、チームに寄せる共感や帰属意識、働きがい、貢献意識を指します。

つまり、「どれぐらいその企業、チームのことを信頼して、そこにいたい、貢献したいと思えるか」という気持ちです。

質問 「エンゲージメントを達成したあと、どうするのか？」

このような問いも大切になってきます。

結婚でたとえると、結婚式がゴールではなくて、「そのあと、家族とどのように幸せになっていくのか？」が重要なプロセスになるということです。

同様に、仕事も結果が出たら終わりではなく、そのあとのフォローアップや新たな目標が必要になります。

そのため、質問で問い続け、より楽しく、さらに良い状態に導くために**何が必要なのかを質問していく**ことが大切です。

リーダーが覚えておくべき「接し方」と「声のかけ方」

相手の性格によって、望ましいエンゲージメントへのアプローチは異なります。

ここでは、心理学でよく使われる性格分析理論「ビッグ・ファイブ」に基づく5つのタイプに分けて、エンゲージメントしやすい接し方を説明します。

基本的には、**それぞれのパーソナリティの特性を理解して、肯定的に尊重することが大切**です。

①勤勉性（誠実性）タイプ

性格の特性は、しっかりしていて、自分に厳しい傾向をもっています。勤勉性の高い人は、責任感がとても強く、ルールを尊重したりひたむきに努力したりすることができる人です。目標達成やリーダーシップを取ることができるなど長所があります。

短所としては、頑張りすぎてしまったり、極端な完璧主義になったり、伝統やルールを尊重しすぎたりしてしまうケースがあります。

【接し方】

努力を認め、感謝を伝え、責任感に期待を寄せます。

また、自律性を尊重します。基本的に努力家なので、エンゲージメントもリーダーシップも高い傾向があり、仕事を任せられる存在です。

留意点は、責任感が強すぎて、努力をしすぎて、オーバーワークになり、一人で仕事を抱え込んでしまう場合もあります。

状況を見て、仕事のバランスを調整できるように配慮しましょう。頑張っていても、休みや休憩を促すことは大切です。

【声のかけ方】

自律性を尊重し、指示・伝達は最小限にして相手の仕事を尊重し、相手が仕事をしやすいように簡潔に伝え、相手の仕事を尊重し、失敗を恐れず挑戦できる環境をつくるのがベストです。

質問「あなたに任せてよいことはありますか？」

質問「どんな達成や成長をしたいですか？」

②外向性タイプ

性格の特性は、活発で社交的です。仕事や人間関係など、さまざまな場面でエネルギッシュに動き回ることを好みます。話好きであり、自分の考えや意見を積極的に表現する傾向があります。

また決断力があり、思い立ったらすぐに行動できます。新しいことに挑戦することを恐れず、前向きに行動します。

楽観的であり、物事をポジティブに考え、困難な状況でも希望をもちやすい傾向があります。

【接し方】

コミュニケーションが好きなため、積極的に話しかけてみましょう。チームワークを構築するのも得意なので、プロジェクトチームや新たなコミュニティに参加してもらうのがよいです。

【声のかけ方】

相手に積極的に意見を求め、柔軟な考え方を尊重します。

質問「また、話しませんか？」

質問「良かったことはありましたか？」

③協調性タイプ

性格の特性は、人に気を使えて、優しい人です。人間関係を大切にする傾向があります。平和主義で争い事は避けたいと考えます。周りとの調和を大切にする傾向があり、チームワークを発揮するのも得意です。また、人を支援することが得意なので、サポートにつながる役割をお願いするとよいです。

【接し方】

しっかりと相手の話を聞きましょう。相談しやすい雰囲気をつくり、こちらから相談をすることも大切です。

【声のかけ方】

相手の状況を見て、丁寧に相談をしましょう。

質問「協力いただけますか?」

質問「相談に乗ってもらえますか?」

④情緒安定性タイプ

性格の特性は、あまり失敗に対して不安になることはなく、気持ちが安定しています。穏やかな性格で、感情的になるようなシーンを避ける傾向があります。変化に強いため、柔軟性がある仕事なども任せることができます。

【接し方】
感情的にならずに冷静に話す傾向があるため、こちらも落ち着いて接するようにしましょう。

【声のかけ方】
早口でまくし立てたり、声のトーンを上げたりせず、丁寧に同じトーンで話すのが望ましいです。

質問「調子はどうですか？」

質問「仕事はうまくできていますか？」

⑤開放性（知的好奇心）タイプ

性格の特性は、新しいことが好きで、創造性や発想力が高いです。知的好奇心に長けており、新しい情報やユニークな情報を好みます。挑戦できる環境を整備し、挑戦を後押しするような仕事を任せます。

【接し方】

自由な発想、型にはまらない考え方を歓迎し、失敗を恐れず行動できることを尊重していきましょう。

【声のかけ方】

新しい話題を共有し、活発な議論をしていきます。

質問「新しい発見はありましたか？」

質問「何かアイデアはありますか？」

人は必ずしもこの5タイプに分類できるとは限りませんが、まず**チームメンバーの性格を理解して、相手を尊重し、相手に合わせてコミュニケーション方法を変えることがエンゲージメントには重要**です。

この5つのタイプはあくまでも傾向ですので、個々の性格や状況に合わせて、柔軟に対応を変えることが大切です。

それともう一つ、これは例外的な事例ですが、昔は第一線で活躍していた人が、部下となりチームメンバーにいるような状況も起こり得ます。

私のところにも、「昔は最前線で事業を切り拓いていた人が部下になったとき、どのように関係性を築いたらいいかわからない」という質問がときどき寄せられます。

そのようなときには、**「相手から教えてもらう」**スタンスが重要になります。

さまざまな人から学べることがあると謙虚に受け止めて、相手を理解して尊重していくことを意識しましょう。

「無知の知」の姿勢で、**たとえ知っていても「あえて教えてもらう」**のです。

そうすることで、仮に自分が知っていることであっても、相手のフィルターを通してその知識や情報を聞くことで、相手と自分の価値観の違いに気づくことができます。

違いについて否定するのではなく、相手の価値観を学ぶ機会へと変換することができるのです。

仕事の成果を上げる8つのポイントと質問

企業のリーダーの大きな課題の一つに、部下が仕事を辞めてしまうというものがあります。最近は、退職代行サービスなども話題となり、自分で言わずに辞めることも可能な時代になりました。

学生から社会人への転換期は、大きな節目となっています。人口減が進む日本において、組織としては仕事が続けられるような環境をつくる必要があります。

3年で仕事の成果を上げる8つのポイント

❶ 状況把握
❷ 人間関係とコミュニケーション
❸ 目標設定
❹ 学習とスキルの向上
❺ 時間管理と効率化
❻ 振り返りをする
❼ 役割を理解する
❽ 仕事の楽しさを知ってもらう

そこでここでは、「相手が仕事を長く続けられるポイント」と、それぞれに使える質問について紹介します。

以前から、転職者の採用条件に、3年以上の職務経験を求める企業が多いため、3年を目安に仕事を継続する意識をもつとよいとされてきました。

とはいえ、現代では、即戦力となるような人材が急務となっており、新人を育てることに余裕がなくなってきている時代でもあります。

3年は一つの目安ですが、早い段階から部下が活躍できるような支援を行えるような意識をもって質問を使いこなしていきましょう。

人が3年間仕事を続けるためには、8個のポイントの実践が必要です。一つひとつを部下や仲間たちと一緒に確認し、不足している部分は、前向きに促してみましょう。

①状況把握

組織内のキャリアにおいて最も重要なのは状況把握です。

最初に職場の状況を観察し、「仕事における成功要因」を把握します。

すぐに退職せずにキャリアを長く積むためには、この観察が重要です。たとえば、長く仕事を続けている人の特徴を掴むなどです。仕事における成功要因とは、自分と組織の現状と目標を明確にすることであり、キャリア形成の土台にもなります。

具体的にはまず、業界や職種の現状についてしっかりと理解をすることです。どのような職場や業界において、どのようなニーズがあるのかを分析するのです。

そして組織や業界における成功要因を考え、それに合わせた対応を検討します。


状況把握の際には、次の質問が役に立ちます。ぜひ取り入れてみてください。

質問「仕事の成功に必要な情報を収集・分析し、状況を把握できていますか？」

②人間関係とコミュニケーション

次に、仕事を継続してもらうためには、周りの人間関係や他の上司からもサポートを受けられるようにしていくことが重要です。人間関係は、離職する理由の上位にランクインすることが多いからです。

そこで、現時点での職場で、どのような人間関係を構築していけばよいか検討します。部下が上司や同僚と定期的にコミュニケーションを取り、意見やフィードバックを交換できているかを確認しましょう。

「社会的支援」は、ストレスやパフォーマンスに大きく関わってきます。良好な職場の関係性は、仕事の満足度を高める重要な要素になるのです。

そのため、コミュニケーションを通じて、どのような人間関係を構築していくか、十分考慮する必要があります。また、社会的支援を求める力も大切です。

職場の人間関係には、次の質問が役に立ちます。

質問「相手にわかりやすく情報を伝え、理解を得やすくするにはどうしたらいいと思いますか?」

質問「協力してくれる人は誰ですか?」

③目標設定

状況分析を行ったあと、モチベーションが高まるような短期、中期、長期の目標を設定しましょう。

途中で挫折するような高すぎる目標ではなく、できるだけ、やりがいがある、楽しい目標設定をします。**現実的な目標と楽しい目標を2つ設定するのもよいです。**または、目標が達成されたときの達成感を予測して、モチベーションを高めていきます。

続いて、目標達成に合わせて、今もっている強みを活用できる方法を検討しましょう。技術が強みであれば、技術を活かした仕事に積極的に取り組んでもらえるように任せたり、数値で表しやすい仕事の成果を提示したりしてあげます。

もし強みがない場合は性格を活かし、社会的・組織的にニーズがあり、未来に向けて可能性が広がりそうなスキルの向上を促すのがおすすめです。

目標設定には、次の質問が役に立ちます。

質問「モチベーションが高まるような目標設定をしていますか？」

④学習とスキル（技術）の向上

常に新しいスキルを身につけ、知識を更新し、できるだけニーズがあり、最先端の技術を習得できるように柔軟なリスキリングを促していきましょう。モチベーション次第ですが、できれば未来に向けて効果の高い手法や技術を学んでもらいましょう。

「学習とスキルアップは当たり前」だと思うかもしれませんが、パーソル総合研究所の調査では、「日本の成人の52・6％は、外部機関での学びをしない」といわれています。

そのため少し学んだだけでも、人よりも成長できる可能性が高くなります。成長していることが身をもって理解できればモチベーションは上がっていきます。

学習とスキルの向上には、次の質問が役に立ちます。

質問「どんなことを学んで、成長していきたいですか？」

⑤時間管理と効率化

重要性が高く緊急性も高い仕事を優先できるよう、順位づけをしてみましょう。順位づけを行ったあとは、「効果性」と「効率性」を高められる選択を促します。

この際当然ながら、「継続性」も重要となりますので、休憩する時間も大切です。

無理なタイムスケジュールになっていないかを配慮しましょう。そして、サポートをしてあげましょう。

時間管理には、次の質問が役立ちます。

質問「限られた時間の中で、効果的で効率的にできることは何ですか？」

質問「無理なく、継続的にできることは何ですか？」

⑥振り返りをする

働き方を定期的に振り返り、改善点を見つけてコミュニケーションを図りましょう。振り返りは単なる反省ではなく、今後が楽しくなるように工夫するのがポイントです。

たとえば振り返りを習慣化し、良かった点を積極的に引き出し、達成感を味わってもらうのも一つです。

また、改善点よりも「成長できた」と感じることで、振り返りが前向きなものになります。振り返りをすることで、改善点を次の行動計画に落とし込み、継続的に成長できるようにサポートをしていきましょう。

振り返りには、次の質問が役に立ちます。

質問「うまくいったこと、達成できたことは何ですか？」

⑦役割を理解する

自分の役割が組織にとって、どのように貢献しているのかを理解し、役割への自信と誇りをもつことが重要です。

役割は、自分らしさにも関わり、自分の存在意義、自尊感情にも関わります。自分の役割が、組織にとってどのような価値をもたらすのかを深く理解し、仕事へのモチベーションを高め、やりがいを見いだすことができるためです。

まずは、仕事での役割がチームや組織全体の目標達成にどのように貢献しているのかを明確にすること。そして、強みやスキルがどのように活かせるのかを提示し、役割を最大限に活かす方法を相談しながら一緒に考えてみましょう。

役割を理解するためには、次の質問が役に立ちます。

質問「どんな役割をもてば、周りの人に貢献できますか？」

⑧仕事の楽しさを知ってもらう

主体的に仕事に対する情熱や楽しさを見いだすことも、長期間にわたって職務を続けてもらうための大切な鍵です。

さらに、職場での成長と成功を実際に感じることができれば、やりがいや満足感が増し、仕事を継続する動機づけにもなります。

仕事を自ら楽しくするためには、次の質問が役に立ちます。

質問「仕事を楽しくするためにできることは何ですか？」

いかがでしょうか？

いずれも、当たり前の内容に感じられるかもしれませんが、その当たり前こそが重要であり、ないがしろにされやすい点でもあるのです。

「当たり前」の中には、強みとなっていることがあります。それを顕在化して、意識的に有効活用をすると、いろいろな可能性が広がります。

リーダーの仕事は希望を示すこと

リーダーの一番の仕事は部下や仲間、組織に明るい未来を提示することです。

そのうえで大切にしなければいけないのが、ボトムアップとトップダウンの使い分けです。上から押しつけるだけではうまくいきませんし、下のメンバーだけが団結して上にアイデアや意見を提出しても組織力は向上しません。

お互いが納得できるように、対話を促すことです。対話で葛藤があっても、そこから価値や希望を見いだすのです。

リーダーとしてどのような組織をつくればよいか迷っているのであれば、まずは「組織力」が向上するように取り組んでみましょう。

前述している通り、同じ業界でうまくいっている企業や組織を分析して、ノウハウをマネするモデリングも大切です。目指す企業や組織があることで、何をすればうまくいくのかが理解できるためです。

また、**メンバーの役割を明確にすること**も大切だといえます。役割があることで組織内での自分たちの動き方が明確にわかるためです。

そして、次章で詳細を説明しますが、組織として成功を体験することも重要です。一つひとつの成果を組織内で共有し、自分たちの仕事を「成功」としてとらえることで、より前向きに仕事に打ち込め、組織のコミュニケーションも円滑に進んでいきます。

仮に、リーダーとしてアイデアが思い浮かばない場合は、コーチを依頼したり、外部の研修などで学び、自分たちがやっていることを視覚化したり、部下であってもアイデアが豊富な人に相談したりすることもよいと思います。

組織はリーダーのものではなく組織内の全員のものですので、一人ですべてを解決しようとする必要はありません。

組織で働く人たちが、「**こうすればもっとうまくいくのではないか？」という可能性や希望にフォーカスできるように促していきましょう。**

その際に、次の質問が役に立ちます。

質問「メンバーが、希望をもてる場や環境は何ですか？」

組織の人たちが活躍できる最適な場や環境を少しでもつくれるように希望を示していくことは、リーダーにとって極めて重要な役割です。

まず、変えられそうなところに気づいて、少しでも組織が良くなるように変えていくことを意識します。

そして、次の質問をしてみましょう。

質問「メンバーが、最適に活動できる場や環境は何ですか？」

未来にフォーカスして、リーダーとして仲間に希望を与えていきましょう。

第4章

自己変革を起こす
最高の導き手のつくり方

可能性にフォーカスして生きる

この章では、他者に対して行う質問を自分自身に向けることで、最高の理解者であり、「**導き手**」となるコーチを自分の中につくる方法を説明します。

本題に入る前にまず、生き方の話を少しさせてください。

最近ビジネスパーソンと話をしていると、「現状維持でいいという人」と「成長や昇進を目指して学んでいる人」の2つにはっきりと分かれていると感じます。

私はリスクヘッジ（危機回避）という意味でも、後者が良いと考えています。この不安定な時代、さまざまな可能性にフォーカスを当てて、何事にも積極的にアプローチをしていく必要があります。

どんな困難が降りかかったとしても、少しでも現状が良くなる可能性をもって生きていくということです。

今いる企業の中でそのようなイメージがもてないのであれば、資格や技術を学んで近い将来に活かせるように人生の種をまいていくのもいいでしょう。

特に、**うまくいかないときは、未来への種まきが大切になります。あなただけの未来の花を咲かせましょう。**

そして、この将来の可能性にフォーカスを当てるためには、**自分の興味関心を見つける力が重要**です。

たとえば、企業で働いていて、周囲の環境に絶望しているとしましょう。そこでは、思い描いていたような仕事はできないかもしれません。

しかし、「一つでも現状打破のためにできそうなことはないか?」と自分に問い、それにチャレンジしてみるのです。

違う部署の仕事など、一見関係のない仕事を積極的に学んだり、体験してみたりするのもよいと思います。副業が可能な企業であれば、プロボノ（自分の強みを活かした社会貢献）やセカンドキャリアにチャレンジしてみるのもよいです。
このように生産性のある行動を取り、**さまざまな経験を積んでおくことが将来、自分の道を見つける近道**だと私は思います。

たとえば何も考えずにゲームをやるよりは、YouTube の動画をつくってみることや広告ページをつくってみるなど、仕事に結びつきそうな経験であり、かつ楽しいと思える体験を積極的に増やしていくことがよいです。

身近にいる人の中から自分の理想のモデルを決めて、そのモデルに自分を近づけるのも効果的です。

将来の可能性にフォーカスするために有効な自分への問いかけもあります。
ぜひ、次の３つの問いかけを日々心がけてみてください。

質問「現在の自分をどう最適化していくのか？」

質問「過去について、どうやったら前向きにとらえることができるのか？」

質問「未来に向けて、希望、可能性をどう見いだしていくのか？」

この3つの質問の答えを踏まえて行動すれば、徐々にですが確実に将来の可能性にフォーカスしていくことができます。

その結果、たとえば生成AIを自分の仕事と結びつけてみるなど、新しい技術と自分がこれまでやってきたことを組み合わせてみるのもいいと思います。

ぜひ柔軟性をもって、さまざまな経験と学びを重ねていきましょう。

「かもしれない」の可能性

私は、若者サポートセンターや法人などで研修を担当することがあります。

その際に担当者から「最近の若い人はすぐに『できない』というので、どうにかしてほしい」とお願いされることがあります。

この場合、若者に対して、「どうして、できないのですか?」と聞きがちですが、**できない現在に目を向けるのではなく、どうしたらできるようになるのかという未来に目を向けることが大切**です。

つまり、「Can not」から、「May」に変えることです。

「〇〇をすれば、できるかもしれない」というMayに変換するという意味です。この**「かもしれない」という表現は、「できる」可能性につながる未来に目を向けさせる言葉**なのです。

これは他者ではなく自分自身にも活用できます。

できないのではなく、今はできないだけで、工夫すれば、できるようになるかもしれない。別のやり方をすればできるようになるかもしれない。

自分自身でできないといって可能性を狭めるのではなく、「かもしれない」と前向きに未来を向いていきましょう。

あなたの未来は自分次第で変えられるのです。

最高の未来を自分でつくるために

では、その未来をより良くするためにはどうすればいいのでしょうか？

未来のことを考えるうえで「Will」の言葉が大切になります。「Will」には「意志」**という意味が含まれており、未来に向けて主体的に関わっていくことを表しています。**

昨今、VUCAという時代となっており、不透明で不確定、曖昧で、複雑な時代であり未来に対して希望をもちづらい時代となっています。

このような不確定な時代だからこそ、希望をもてるように自分の意思をもって未来を決めていきましょう。

「いいことが起きないかな」と願うよりは、自分自身で未来をつくり出し、いいことを引き寄せるように自分の将来を選択していきます。道は不確定でも、自分自身で人生のハンドルを握り、より良い未来に導こうとするのです。

箱根駅伝のアスリートが新記録を出した際に、「奇跡は起きるものでない、奇跡は起こすものだ」と言ったそうです。

この言葉に私は非常に共感しました。「親ガチャ」、「会社ガチャ」と逆らうことができない運命に悲観するのではなく、自分で奇跡を起こせると願うほうが、「希望」につながります。自らの手で奇跡を起こそうと行動するほうが新しい経験につながります。

奇跡を起こすために次の質問をしてみましょう。

質問「あなたは、未来にどんな奇跡を起こしたいですか？」

今を大切にする理由

人は、「今」を刹那に生きている存在です。

未来を考えることはもちろん重要ですが、今の自分を大切にしましょう。

なぜなら、今が未来につながっているからです。

この瞬間の大切さは、私自身が高校時代に交通事故にあったことからの教訓でもあります。交通事故は、トラックに顔面衝突したことから初めて気を失い、九死に一生を得るといった出来事でした。

人は、いつ亡くなるかわからない存在であり、この瞬間を大切にしていないと、未来につながりません。

たとえ未来に対して期待や願望を抱いていても、この瞬間が有意義でないと後悔につながってしまうことがあります。

これまで、私はコーチングなどでたくさんの人とやり取りしてきましたが、未来への期待が大きく、現在を極端に我慢しすぎて、今を楽しめていない人をたくさん見てきました。

また、大きすぎる未来への理想により、今この瞬間の自分自身と比べてしまい苦しんでしまう人もいます。

そのため、**未来につなげるために今という現在も大切にしてほしい**のです。

現在を大切にするために次の質問が有効です。

質問「今、現在を大切にするためにできることは何ですか？」

過去は自己理解のための宝物

自分自身を理解するうえで大切なのは過去の出来事です。

過去は黒歴史で、思い出したくもないと感じる人もいるかもしれません。しかし過去の経験や記憶を強みに転換しようとする際に自己理解が深まります。

過去の経験から学び、教訓、強みを見つけることが自己理解には大切なのです。過去は変えることができないものですが、過去に起こった出来事の解釈によって、とらえ方を変えることができます。

そのため、たとえトラウマであっても、過去の経験を肯定的な視点でとらえ、教訓や強みとしてフル活用できるようにします。

また、過去の出来事を現在や未来へのエネルギーに転換します。私の講座を受講した二人の事例で説明します。一人は、離婚を機に自分は役に立たないのでないかと抑うつになっていた人。もう一人は、離婚を機に離婚カウンセラーで活躍されている人。

何が違うのかというと、過去の経験を強みとして転換しているかどうかの違いです。もちろん、離婚を正当化するつもりはありません。

一般的に、離婚をバツ（×）として、ネガティブにとらえることもありますが、解釈を変え、過去の経験を組み合わせて、掛け算（×）にして強みにすることができるのです。

そのため、過去はトラウマや失敗であっても強みに転換することですべての経験を役立てることができるのです。

過去から学ぶために次の質問が有効です。

質問「あなたの過去を強みにするとしたら、どのようなことができますか？」

自分を救い、奮い立たせる言葉

「七転八起」

「人間万事塞翁《さいおう》が馬」

「うまくいかないこともあるけれども、今うまくいかなかっただけだ」

このような**自分を奮い立たせる言葉をもつ**ことは、自分の中に最高のコーチをつくるうえで、非常に大切です。

自分自身が一歩を踏み出せる、自分に対してのエンゲージメントにつながる、希望へと視点が向く言葉です。


「そんなに無理しなくてもいいよ」

「次はうまくいくよ」

「これを乗り越えるといい経験になる」
このように自分を尊重して、自分に対してのねぎらいや救いになる言葉をかけてあげましょう。

これは、質問としても応用できます。

質問「努力してきた自分自身をもっと大切にねぎらうためにできることは何ですか？」

質問「うまくいかなかったことを、あるがままに受け入れるにはどうすればよいですか？」

質問「自分自身を必要以上に批判しないようにするには、どうすればよいですか？」

自分に思いやりをもって問いかけ、行動していきます。
まずは他者よりも、自分自身を救う。それができてはじめて、**他者を救う余裕が生まれる**のです。

ただここで注意したいのは、「自分が可哀想」、「自分だけが可哀想」と考えてしまう自己憐憫《れんびん》ではないということです。

セルフトークには、自己効力感を高め、モチベーションも上がっていく効果があります。

たとえば、東京パラリンピックに車いすテニスで出場した国枝慎吾選手は、ラケットに「俺は最強だ！」という座右の銘を書いていました。それを試合中に見ることで、「自分は最強だ」と信じて、自信をもってプレーができていたのです。結果、「金メダル」という最高の称号を得たのです。

自分を奮い立たせる言葉がけは自分の中に最強のコーチをつくるうえでとても大切です。

ポーズやルーティンで安心を得る

ストレスを軽減してポジティブになるためには、自分が安心できるポーズをつくるのも一つの方法です。「ルーティン」という方法が有名です。

ルーティン（routine）とは、英語で「日常」、「日課」、「慣例」、「お決まりの手順」などを意味し、日常的に行われる決まった手順や仕事、習慣のことを指します。転じて、安心できるポーズや仕草などが当てはまります。

安心できるポーズや仕草を意図的に行うことで、安心感を得られるようにするのです。

2015年のラグビーワールドカップで活躍した五郎丸歩選手は、プレースキックの前に、人差し指を立てて両手を組み、精神統一を図っていました。

このように、人それぞれに安心できるポーズは違うものです。自分はどんなポーズなら安心できるかを見つけてみましょう。
クセのようなものなので、家族や友だちに聞いてみてもいいと思います。
「そのポーズをしたら安心できる」という自分にとっての前向きな思い込みとして、取り入れましょう。

まずは自分が安心でき、リラックスできる、**「I am OK」になれる習慣**を見つけて、それを日常に取り入れるのです。

自分の気持ちを整理してよく理解し、自己肯定しながら判断や行動につなげていくことが最も重要です。

自己変革のための問い

質問「何か変えられることはないか？」
質問「変えられるとしたら、一体何か」

このように自分に質問を投げかけることで、自分を変えるきっかけを生むことができます。

この際に意識することは、まずは自分の変えられるところを見ることです。

「もっと勉強する自分に変わりたい」という希望があるのなら、「私は集中力がある、だからできる」など、自分が目的に対してもっている強みに注意を向けると前進していけます。

また、「自分はダメだ。いいや、そんなことはない」と負けん気を活かした声がけで、ネガティブからポジティブに意識を切り替えるセルフトークも役に立ちます。

質問「過去の失敗や後悔から新しい目標を立てるとしたら、どのような目標が立てられますか？」

自分の課題感を克服するために、セルフトークを使うということです。

ここで、心理学に基づいて作成した「変容に対する自己効力感尺度」のチェックをしてみましょう。

この尺度は、あなたのどの部分が自己変容可能であるか分析するものです。7項目で評価します。

各項目について、5段階評価で回答してください。7項目の合計点を出してみましょう。

[回答方法]

全く当てはまらない	1点	あまり当てはまらない	2点
どちらでもない	3点	やや当てはまる	4点
すべて当てはまる	5点		

Q01	思考は変えられると思う	1 − 2 − 3 − 4 − 5
Q02	言葉遣いは変えられると思う	1 − 2 − 3 − 4 − 5
Q03	行動は変えられると思う	1 − 2 − 3 − 4 − 5
Q04	習慣は変えられると思う	1 − 2 − 3 − 4 − 5
Q05	性格は変えられると思う	1 − 2 − 3 − 4 − 5
Q06	未来・運命は変えられると思う	1 − 2 − 3 − 4 − 5
Q07	努力によって人生は変えられると思う	1 − 2 − 3 − 4 − 5

【合計点が26点以下】

あなたは、自分自身を変えることが難しいと感じているのかもしれません。過去の経験や現在の状況が影響している可能性もあります。自分自身を変えることに対して、非常に否定的な考え方をもっているようです。

しかし、リフレーミング、クリティカル・シンキングなど、さまざまな方法で改善を試みることは可能です。


【合計点が27点〜30点】

あなたは、自分自身を変えることについて、ある程度前向きに考えているようです。しかし、状況によっては困難さも感じているのかもしれません。

新しい変化を目指して、チャレンジ精神をもってみるのがよいです。


【合計点が31点以上】

何事も変化させられるという高いスキルをもっています。

さまざまなことを自分で変えることができると考えており、自分自身を前向きに変える力をもっていると信じています。日々の生活の中でも努力を続け、運命論を当てにせず、未来に向けて着実に歩んでいるといえるでしょう。

周囲の人にも良い影響を与えているかもしれません。

変容の尺度では、どの部分が変化できるかを分析できます。

自分がどの部分を変容しやすいのかをチェックしてください。この尺度は、諸説はありますが、マザーテレサの以下の名言から、心理学的に分析を行った尺度です。

思考に気をつけなさい、それは、いつか言葉になるから

言葉に気をつけなさい、それは、いつか行動になるから

行動に気をつけなさい、それは、いつか習慣になるから

習慣に気をつけなさい、それは、いつか性格になるから

性格に気をつけなさい、それは、いつか運命になるから

また、最後の項目には、ハイダーの「原因帰属理論」を取り上げています。

自分の成功の原因についてどこに帰属されるかという理論で、運命ではなく、自分の努力によって、未来が変えられるととらえる内容になっています。

自分の努力で未来を変えられると感じている人は、行動力が高く、習慣を変える力をもっているといわれています。物事を変えるために大切なのは、自分を知り、理解し、調整することです。

そして、いずれにせよ、変えられるところを見つけ、未来に対して希望や可能性をもちましょう。

自分自身の変革を促す「行動変容ステージ」

医療やコーチングの現場では、食事や運動など、人に何らかの行動を変化させる際に、予防の研究から導かれた「行動変容ステージモデル」という考え方がよく用いられます。

図のように、人が行動を変える場合は「無関心期」→「関心期」→「準備期」→「実行期」→「維持期」の5つのステージを通ると考えられています。

そして、この行動変容のステージを一つずつ進んでいくためには、その人が「今どのステージにいるか」を正確に把握して認識する必要があります。

そのうえで、現状維持バイアスを乗り越えるための質問を行います。現状を維持している不合理な状態に対して、意識と理解を促すのです。

具体的な質問としては次のものが挙げられます。

質問「現状を維持するメリット・デメリットは何ですか？」

質問「現状を維持してしまう背景は何ですか？」

まずは、現状を維持してしまう理由を深掘りして、「現状から変わらないといけない」という意識づけをしていきます。

それに加えて、変化を動機づけるための質問「**チェイニング・クエスチョン**」も

[行動が変化する5つのステージ]

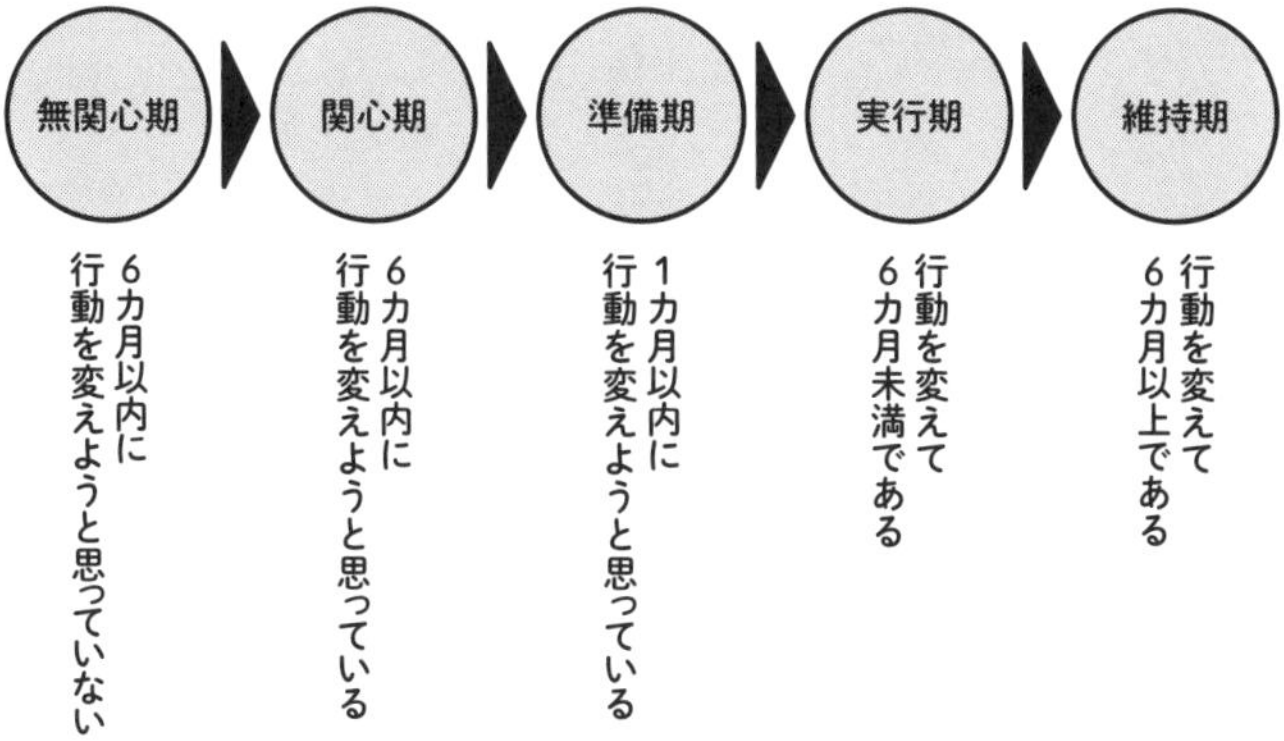

（出典：厚生労働省e-ヘルスネット）

有効です。**チェイニング・クエスチョンとは、自分の変化の目的、メリット・デメリット、そのために必要なこと、できることの順で掘り下げていくことで、変革の方法を理解し、スムーズに一歩を踏み出すことができる質問です。**

自分自身に変化の必要性を感じていながら変わることができていない人は、これらの質問でセルフトークをしてみてください。

[行動の変化を促すための質問]

変えたいことは何ですか？	
メリット	デメリット
現状を維持しているメリットは？	メリットに対する対策は何ですか？
現状を維持しているデメリットは？	デメリットに対する対策は何ですか？

ステップ	変容階段	質問例
1	無関心期	関心をもてることはありますか？
2	関心期	具体的にはどんなことを変えたいですか？
3	準備期	変えるためにどんな準備が必要ですか？
4	実行期	実行してみて、どうでしたか？　実行しているプロセスの中で、どのような改善や発展ができそうですか？
5	維持期	うまく行った結果を維持していくには？
6	終末期	結果から、改善したり、より成長したりするためにできることは何ですか？

限界突破の質問

新しい取り組みに慣れてくると人は成長を感じづらくなってしまいます。

はじめはその取り組みが新鮮であっても、慣れてしまうと自分が成長しているのか判断しづらくなってしまいます。

それは、スランプ、マンネリといった言葉で表現されます。

そのようなスランプやマンネリ状態になったら、「ビッグステップ」を活用しましょう。**ビッグステップは思い切った行動をすることです。**

他の章での目標達成では無理をせずにゆっくりと成果を一つずつ確認しながら登っていくスモールステップでしたが、スランプやマンネリを打破するには大きな目標に向かって、大きく動くことが大切になります。

その際に役に立つ質問には、**限界突破の質問**が有効です。

質問「120%の力で行動するとしたら、どんなことができますか?」

もちろん無理しすぎるのはよくないので、余裕があるときに実施しましょう。

また、プレッシャーになる人は次の質問が効果的です。

質問「最小限、今できることは何ですか?」

このように、できないことをしようとするのではなく、まず最小限のできることを促す**最小限の質問法**もあります。

重要なことは、変化を起こすための一歩目を踏み出すことです。

継続していくために

「自分はできる」

「自分はやり遂げるスキルをもっている」

このように自信とスキルが高まったら、次は「**自己理念**」をつくるステージに入ります。**自己理念とは人生の行動指針であり価値観です。自分らしく、物事を継続していくための力となります。**

自己理念をつくるためには、現状を把握し、それに合ったビジョンを描きます。「会社の中でこうしていきたい」という希望や、「人生の中でこんなことをやりたい」といった願望、自分自身の在りたい姿を考えてみましょう。

自分の目標や成し遂げたいことを設定して、**自分の可能性にフォーカスしていく**ということです。ただしこの際、社会や企業のニーズにも合わせておかないと、うまくいかないことが多いものです。そこはよく分析しておく必要があります。

在りたい姿や目標ができたら、自分の強みを活かして、現状からそこに至るまでの行動指針や計画を立て、徐々に自分をそのステージに近づけていきます。

行動指針や計画を立てる際にはなるべく、「やる気や希望につながる目標や計画」を意識しましょう。私のこれまでの経験では、日本人の計画はどうしても「厳しい」、「苦しい」、「キツい」などに傾きがちです。正直、必要以上に苦しくなるような「計画」は見直したほうがよいです。どうしても厳しい目標になる場合は、楽しくなる

[2つの目標]

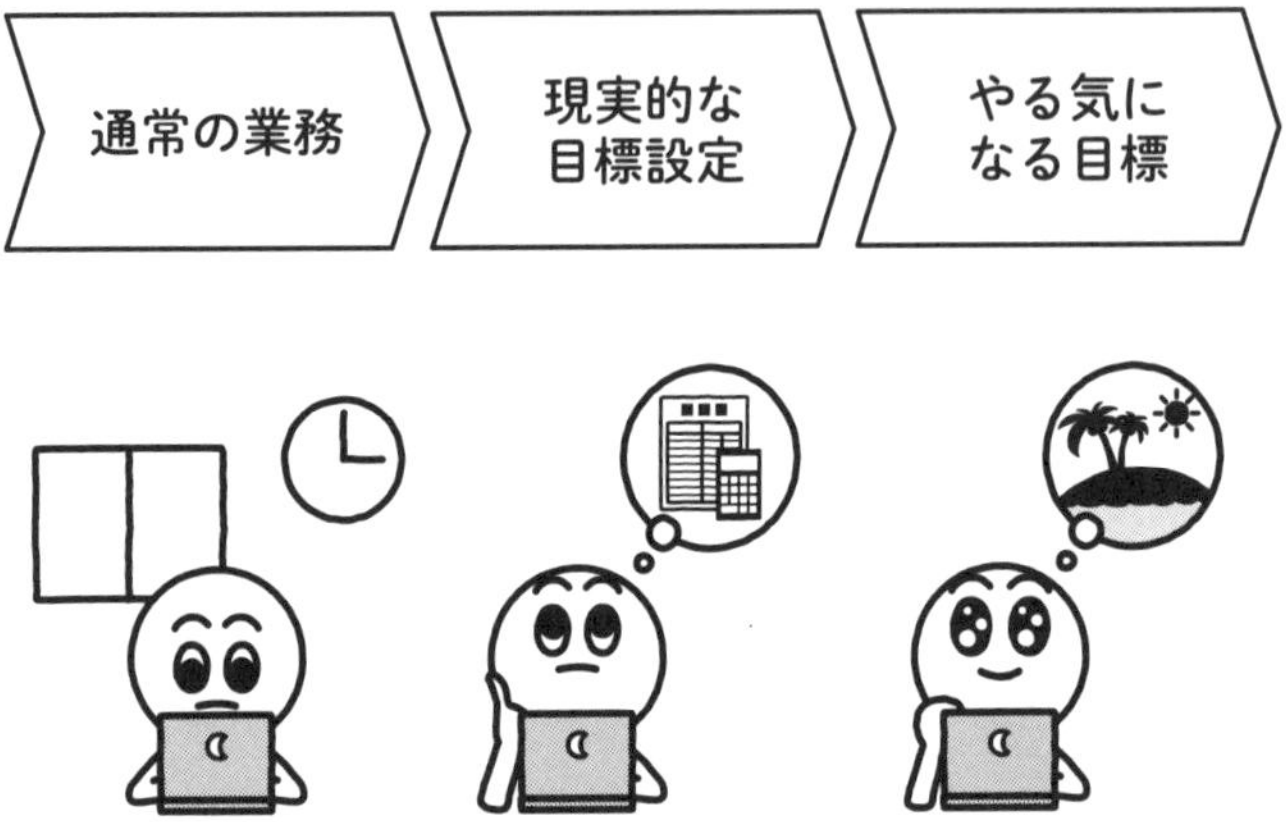

第2の目標を設定しましょう。

たとえば、経理の人が現実的な「決算書」の作成が目標である場合、当たり前でやる気につながらないかもしれません。そのため、やる気につながる2つ目の目標をつくることをおすすめします。具体的には、「決算書に関わる新しい情報を学ぶこと」や、「決算書」が完成したら、「打ち上げ」パーティをする。または、有給を取って、「旅行に行く」などの目標でもよいです。「税理士」として独立するでもOKです。

次に、とりわけ「こうしたい」、「これをやってみたい」など、前向きな成長や経験につながる行動プランをつくっていくことが大切です。苦しく厳しい計画では達成できない日も生じてきやすく、継続できない人も多くいると思います。

だからこそ、**計画は楽しく、無理なくを心がける**ことが大切です。

継続することも「絶対」ではなくて、「三日坊主で終わっても、五日目に再スタートできれば継続できている」というくらいの判断でも大丈夫です。「三日坊主になっちゃったからもうダメだ」とあきらめてしまい、そのまま失敗体験にしてしまう人が多いのですが、それは非常にもったいないです。人間ですから、やる気が出ないときもあります。そういった状態で一度中断したとしても、少し期間が空いて再度挑戦して続けるだけでもよいのです。

日々調整しながら自らの成功のサイクル、良いサイクルにもっていき、うまくいく行動パターン、仕組みを構築し、継続してください。

やってはいけない3つの目標設定

また、やってはいけない目標設定が3つあります。

1つ目は、明らかに達成できないような目標設定をすることです。完璧主義的な目標や明らかに達成できないことを追い求めることは、不安な感情に心がとらわれてしまいます。

2つ目は、自分で意思決定（コミットメント）しない目標は効果が低いです。最終的に自分が決断することが、幸福感を高め、後悔の減少につながります。

3つ目は、はじめから失敗を前提とした目標設定は、ただのトラウマになりやすいです。失敗することは大切ですが、いらぬ失敗はしないほうがよく、リカバーできないような経験は望ましくありません。失敗が続くと、自信を失い目標に向かって行動することができなくなります。

思考と行動は変えられる

希望に満ちた計画を立てたとしても、行動の一歩を踏み出すのが難しいと感じる人も多いと思います。

そういうときは、「最初に行動をして、思考をあとで変える」という方法もあります。普通に考えると、「やる気が起きません。身体も動きません」と思われるかもしれませんが、動いてみたらやる気が出ることもあります。

そのため、**とにかくやれることからはじめてみる**のです。

これを立証する思考法に、アメリカの心理学者レナード・ズーニンが提唱している「**ズーニンの法則**」というものがあります。

その内容は、「**スタートしてから4分間で波に乗ることができれば、そのまま作業を続けていける**」というものです。

行動すると脳内にドーパミンが出て、モチベーションが上がってきます。ぜひだまされたと思ってとにかく4分間、やってみましょう。

進めない一番の理由は失敗への恐怖です。

その恐怖を乗り越えるためにも、前向きなとらえ方をできるようにセルフトークをしていきます。

「**失敗してもいい経験になる**」と考えるのでもいいと思いますし、「**成功しても、失敗しても、そこから何か学ぶ**」**でも大丈夫です。どんな経験でも役立てるようにする**という考え方をもちましょう。

とにかくできるところから、自分自身に小さな変化を促していきましょう。

これを積み重ねると、大きな変化につなげることができます。探求心をもって、臆さず、自分自身で進んでいけるようになります。

不安をモチベーションに変えて一歩を踏み出す

変化を起こすとき、人によっては頭に浮かぶ不安を解消してから一歩を踏み出したいと考えている人もいます。

この不安もモチベーションの一つにすることができます。

「怖い」、「やりたくない」を「怖い、でも踏み出そう」、「やりたくない、でも何か一つでもできることはないか」とセルフトークをしていきましょう。

「**パワフル・リフレーミング**」という方法もあります。

パワフル・リフレーミングは、今よりも「パワフルな自分」や「成長した自分」になるために活用します。リフレーミングと同じく視点を変える手法ですが、パワフル・リフレーミングの焦点は〝自分〟に当てます。「今の自分」にフォーカスを当てて、一見ネガティブなものや弱みと思えることでも、ポジティブな側面を見つけるということです。

ネガティブなエネルギーは非常に強いので、ネガティブであればあるほど、ポジティブなエネルギーに転換できると、物事はより進展しやすくなります。

パワフル・リフレーミングは、「**ビッグステップ**」で思い切ってやる行動アプローチと同じです。少し背伸びすることを意識して、思い切ってやってみるのがよいです。

つまり、たとえこれまで経験がなく、根拠がなかった自信であったとしても、経験を増やすことで根拠のある自信に転換し、自信をもって行動できるようになります。

まずやってみるという行動で少しずつ好転していきますので、自分自身に質問をして動き出しましょう。

第5章

現状を受け入れ、
自ら希望を引き寄せ
楽しく生きるために

希望の引き寄せと導きは「今、ここ」を受け入れることからはじまる

ここまでは、質問をコミュニケーションに活かすメソッドや質問を自分自身にすることで、自分の中に最高のコーチを育てる方法について解説してきました。

この章では、**質問を通して人生をより良い状態へ引き寄せ、自らを導き、好転させていく道筋**について考えていきたいと思います。

それに先立って必要となるのは、自分の現状を受け入れることです。

まずは、現状をよく観察し、続いてセルフトークをしてみましょう。

質問「現状の自分自身を受け入れられるために何ができるか？」

と自分に質問をしてみます。

このとき、「**マインドフルネス**」を取り入れるのも効果的です。マインドフルネスは「今、ここ」に意識を集中するという概念です。人は今を生きているようで、その心は過去の後悔や未来への不安にとらわれています。その意識を「今、ここ」に呼び戻すのです。マインドフルネスは漢字で表現すると、「念」とされています。主に、「瞑想法」や「呼吸法」を活用します。

ここで、マインドフルネスの状態になるためのメソッドを紹介します。

1 楽な姿勢を取る
2 深呼吸をして、呼吸の流れやお腹の動きに注意を向ける
3 注意が逸れても焦る必要はありません。再び呼吸に注意を戻し立て直す

この方法を練習すれば、過去や未来への考え、あるいは他者との比較にとらわれて見失っていた「今、ここ」にある喜びを見いだすことができるようになります。

さて、「今、ここ」に意識を集中できたと感じたら、質問の出番です。

質問「今、ここの自分を大切にできることは何か？」
質問「今、ここの自分を受け入れられない理由は何なのか？」
などをセルフトークで問いかけていきましょう。
思い込みによって現状を受け入れるのを邪魔していることはよくあります。
思い込みが強い人は、
質問「自分にとって今、本当に役に立つ考え方は何か？」
質問「現状について、何が受け入れられて、何が受け入れられないのか？」
などと自分に問いかけることが大切です。

情報のバイアスから解き放たれる

私たち人間は、ありとあらゆる情報から影響を受けています。
たとえば、最近の若者に向けた調査によると、若い女性の3割くらいは、容姿について非常に気にしています。容姿が人生の成功要因ではないのにもかかわらず、そのように思い込んでしまっているのです。その影響を「きれいになって見返してやる」など、プラスの方向に活かしていればいいのですが、「容姿が悪い自分はダメなんだ」と自身で苦しめてしまっているケースがあります。仮に容姿が特別に良くなかったとしても、成功している人はたくさんいます。

否定する思い込みは非常に強いものですが、ダメだからこそできることもたくさんあります。そういった思い込みから一旦離れる意識は極めて重要になります。

ビジネスシーンでいえば、なかなか達成感が感じられず、「自分の仕事は報われない」と思い込んでいる人もよくいます。実は日々小さな目標を達成しているのにもかかわらず、それは「達成して当たり前」と本人の中で思ってしまい、やりがいを感じられなくなっているのです。

そのような思い込みから離れて、「今、ここの自分をどのように大切にしていくのか」を優先して考え、どう楽しんでいくのかにフォーカスを当てていきましょう。達成感を味わえる機会を、自らつくっていけるようにするのです。

自ら意見を言い、状況の変化に働きかける

自分を楽しもうと意識を向けても、仕事の関係上、いきなり職場の環境を変えられない場合は多くあります。

特に伝統的な産業だと、なかなか難しいといえます。

その際は、会社を辞めるという選択肢もありですし、自分がワクワクするような社内ベンチャーに手を上げ、働きかけていくなどの方法もあると思います。

日本人の給料がなかなか上がらない理由の一つに、「交渉をしない」ことがあるといわれています。最初から無理だと決めつけずに、積極的に交渉してみましょう。たとえ一回くらい断られても「ダメだ」と落ち込まず、何度も交渉していくのです。

とにかく、**少しでも状況が良くなるように前進していける姿勢をもつ**ことが重要です。

もちろん理想は、「上司がきちんと見てくれて、手を貸してくれる組織であること」ですが、残念ながらどのようなな組織でも、全員を平等に見ているわけではありません。

だからこそ、自分が現状を受け入れられない人は、それを変えていくように行動していく必要があります。

不満を誰かにぶつけるのではなく、簡単には変えられないと理解しながら、今できるところから、少しずつでも変えていきましょう。

このような「交渉」には、「**アサーション**」が役立ちます。

アサーションとは、相手と対等な立場に立って意見を言うコミュニケーションのスキルです。「人は誰でも自分の要求や意思を主張する権利がある」という立場に基づき、適切な自己表現を行うものです。

また、よりポジティブな視点でアサーションを行っていく、**ポジティブ・アサーション**も大切です。

ポジティブ・アサーションは、より積極的に自分と相手がより良い関係になるように心がけ、お互いを尊重して対話する方法です。

通常の主張だけではなく、より前向き・積極的な対応を行い、お互いの状況を好転できるようにします。

誰にでも嫌いな人、苦手な人はいますが、感情的にならず、お互いを尊重して、より良い状態になるように心がけることが大切です。人間関係のトラブルはストレスになりやすいため、ポジティブなアサーションスキルを高めていくのです。

ここでは、心理学に基づいて作成した「ポジティブ・アサーション」のチェックをしてみましょう。

この尺度は、あなたのポジティブ・アサーションスキルを10項目で評価できます。各項目について、5段階評価で回答してください。

10項目の合計点を出してみましょう。

[回答方法]

全く当てはまらない	1点	あまり当てはまらない	2点
どちらでもない	3点	やや当てはまる	4点
すべて当てはまる	5点		

Q01	肯定的な自分自身の意見をもつことができる	1 − 2 − 3 − 4 − 5
Q02	前向きに自分自身の考えを主張することができる	1 − 2 − 3 − 4 − 5
Q03	前向きになれるのであれば、遠慮せず、積極的に相手に要求することができる	1 − 2 − 3 − 4 − 5
Q04	何かを頼まれたとき、前向きな対応で正直に断ることができる	1 − 2 − 3 − 4 − 5
Q05	相手に誤りがあった場合は、前向きな修正の依頼をすることができる	1 − 2 − 3 − 4 − 5
Q06	困ったときは、前向きに周りの人に相談することができる	1 − 2 − 3 − 4 − 5
Q07	相手を尊重すると同時に、肯定的に自分自身も尊重できる	1 − 2 − 3 − 4 − 5
Q08	前向きに、自分らしく生きることを大切にできる	1 − 2 − 3 − 4 − 5
Q09	自分の気持ちや感情について、他の人に伝えることができる	1 − 2 − 3 − 4 − 5
Q10	前向きになれるのであれば、積極的に他の人に相談や助けを求めることができる	1 − 2 − 3 − 4 − 5

【合計点が31点以下】

ポジティブ・アサーションスキルが低めと考えられます。

周囲の人々とコミュニケーションを取ったり、自分の意見を主張したりすることに苦手意識を感じているのかもしれません。

今後、自信を高め、アサーション能力を向上させるために、少しずつでもよいので、積極的に行動していくことをおすすめします。

まず、肯定的に考えて、お互いがより良くなるようなアイデアを積極的に考えてみましょう。お互いが良くなるようなアイデアを相手に伝えてみましょう。他の方に協力を求め、前向きな対応をするのものよいです。

【合計点が32～38点】

ポジティブ・アサーションスキルは、平均的なレベルといえます。

状況によっては、もう少し積極的に行動したり、自分の意見を主張したりすることが求められることもあるかもしれません。

今後、さらに成長していくために、前向きな主張をし、経験を積んでいくことをおすすめします。より改善できるところはないか、検討してみましょう。

【合計点が39点以上】

周囲の人々との良好な関係を築き、積極的に目標達成に向けて取り組むことができるといえます。今後は、他の人の支援がより行えるように行動していきましょう。

自ら意見を言うことは、相手や組織に変化を促すきっかけになり、自分自身の成長につながります。

そしてその入口は、現状を変えていく勇気をもつことです。「ずっと同じでいい」という現状維持バイアスを乗り越えて、前向きに交渉や意見をする気概をもちましょう。

現状を把握できただけでも、すでに一歩踏み出せている

ここで一つ知っておいてほしいことがあります。

それは、たとえ現状をすぐに変えられないとしてもネガティブになる必要はないということです。どのような状況であれ、現状を把握できただけでも収穫があったといえます。

なぜなら、**今の不満や不安に気づけていない状態が一番危険**だからです。「現状を受け入れる」ということすら考えられていない人たちが多くいます。

現状を知るために、他者に尋ねてみるのもいいでしょう。

その際に注意したいのは友だちや家族では似たような価値観で寄り添ってしまいがちなので、異なる価値観をもった人から意見をもらうことです。さまざまな年齢や立場の人に聞いてみることです。

近くにそのような人がいない場合は、対話型のワークショップに参加したり、カウンセラーやコーチに相談したりするのもよいと思います。

そうやって集まってきた意見の中から、「自分にとって役に立つ考え方」だと感じられるものを見つけましょう。

他者のネガティブから、3つの良いことを探す

ネガティブな話や愚痴は聞きたくない人が多いと思います。

でも、聞かなければならない……という状況もあるはずです。

そんなときに相手に「もっとポジティブに考えよう」と助言しても、ネガティブモードに入っている人は反発してしまいます。

ネガティブな発言や愚痴を言うことは、決して悪いことではありません。実はストレスの解消になっているからです。

しかし、負のエネルギーは、本人と聞き手にダメージを与えてしまいます。

ネガティブな発言をする相手から離れるのではなく、話を受け取る際のとらえ方を変えていきましょう。

まずは相手との会話から、ポジティブなところを探してみてください。「あの人はネガティブなことを言っているけれども、こういったところをがんばっているんだな」と評価できるところを探してあげるのです。

「あの人がこういうふうに言っていることを反面教師にしようかな」と、うまく視点を変えるとダメージを負いません。

「**ベスト3法**」の手法もおすすめです。

ベスト3法は、話をまとめるときに便利です。あれもこれもと話して、相手に伝わらないことがあります。ポイントを3つにまとめて、整理したうえで、相手に伝えるとわかりやすくなります。また、優先順位もつけることができます。

これを活用して、落ち込んだときや逆境に陥ったときも、「3つの良いこと」を探してみましょう。

ネガティブな視点から、ポジティブな視点に切り替える際に「良いこと探し」はとても有効です。人は、根本的にネガティブなことに目を向けてしまう「ネガティビティバイアス」をもっていますので、ポジティブなことに目を向けることを意識しましょう。

また、ネガティブなことに対して、立ち向かう意識が生まれる質問は次の通りです。

質問「ネガティブに対抗するベスト3は何か？」

質問「相手が愚痴を言っていても、褒められるところはないか？」

このように相手のネガティブな側面だけを見るのではなく、その相手の良いところを探しながら、相手に見つけた良いことを伝えてあげましょう。

他者のネガティブな発言をそのまま受け入れるのではなく、自分への成長の糧にする材料を探すことと相手に良い側面に気づいてもらえるように質問をしていきましょう。

アイデアとヒントを発見する質問

ここまで、質問についてさまざまな視点で説明をしてきました。

質問を通してコミュニケーションが向上したり、多角的に物事を見ることができたり、本当の自分が見つかるようになったりすると伝えてきました。

この本を読み終わった瞬間から、ぜひ、たくさん質問をしてみてください。


まだちょっと不安ですか？

安心してください。

質問に対する心構えで大切なことは、「**とにかくアイデアとヒントの発見につなげていく**」ことです。

質問を間違えて気まずい思いをしたとしても、

質問「そこから何かヒントはないか？」

質問「面白い何かが発見できるのでは？」

とポジティブに考えてみましょう。そこから、これまで考えたことがないようなアイデアが生まれるかもしれません。

ジェームス・W・ヤングによる『アイデアのつくり方』という著名な書籍がありますが、新しいことを発見する際に、複数の考えを組み合わせて、新しいアイデアを考えるというものがあります。

たとえば、いちごと大福で「いちご大福」という商品が生まれ、「ポジティブ心理学」もポジティブ思考と心理学の組み合わせになっています。

つまり、組み合わせると新しいアイデアが生まれ、可能性が広がります。

また、自分だけでなく、周りの人の強みを組み合わせて、新しいことができることがあります。

自動車で有名な本田技研工業です。かつて、エンジンが大好きであった創業者は、経営についてはは苦手でした。経営や会計が得意な人と組んで、会社組織をより大きくしました。

カレーショップで有名なCoCo壱番屋も、創業者は自分自身でつくったカレーではなく、奥さんのカレーがおいしかったから、奥さんのカレーを広めようと考えました。

このように、他の人の強みを活かすこともできます。

自分の頭の中にある漠然としたアイデアで自分にはできないと思っていることでも、**他者の強みを活かすことで形にすることができる**のです。

自己肯定感が低い人ほど、人の役に立つことを考えよう

これまで、私は数多くの自己肯定感を高めたいという人たちの支援をしてきました。その自己肯定感を高める際におすすめなのは人の助けとなり、役に立つことです。

人を助けて、「誰かの役に立てる」という感覚は自尊感情、つまり自分の存在意義を認めることにつながります。

「自分が誰かの役に立てる」という感覚は組織においても、「この会社や組織にいていいんだ」と思いやすくなり、自己肯定感が高くなります。

逆にいえば、自己肯定感が低い人こそ、人の役に立つことで前向きに自己肯定感を上げることができます。

そのため、自己肯定感が低い人は、積極的に人の役に立てる自信やスキルを習得して、人助けをしていきましょう。

その経験が積み重なって、自己肯定感が高まり人としての成長につながります。

日本には、「恥の文化」や「迷惑をかけてはいけないという文化」があり、なかなか「助けて」と言えない傾向があります。

だからこそ困っている人にサポートは互いに成長するメリットがあると、こちらから支援の協力関係をもちかけていくのがよいです。

「自分は他者の役に立てる」という感覚が生まれると、状況が今よりも好転していきます。退職や自殺を選ぶ人の理由の上位には、「ここにいる理由がない」、「この会社に自分がいても仕方がない、役に立たない」などがあります。

つまり、自尊感情の低下であり、さらにそれが自責の念になって重くのしかかってしまうのです。

それを取り払うには、**自分が役に立つ状況や役割をつくり出していくこと**が非常に重要な要素になるのです。

相手のことを尊重しながら自分のことも大切にしていく。
他者とのつながりを「質問」と「行動」を用いて築いていきましょう。

質問「自己肯定感が低いと感じているからこそできることは何ですか?」

質問「自己肯定感が高いときは、どんなことができますか?」

質問「自己肯定感に限らず、人のために貢献できることはありますか?」

おわりに

この書籍を手に取っていただき、心より御礼を申し上げます。

本書では、これまでコーチング心理学やポジティブ心理カウンセリングなどで、実践してきたコミュニケーションにおける「質問」を中心に総合的にご紹介してきました。

個人・法人合わせて5000人以上の方に実践してきた科学的なエビデンス、ナラティブを意識しつつ、皆様と共に積み重ねた経験・体験（エクスペリエンス）とを組み合わせて、お伝えしたいことをできるだけわかりやすく説明した内容となっております。

正直、私自身も最初からコミュニケーションが得意というわけではありませんでした。むしろ、コミュニケーションが非常に苦手でした。とてもシャイであり（今でもそうですが）、人と話すことを億劫《おっくう》と感じ、自分から話しかけたり、質問したりすることは少なかったのです。

しかし、そのあとコーチングやカウンセリングなどを学び、考え方がまったく変わりました。

まず、何よりも、相手の話を聞いていると、大きな学びと成長につながることがわかりました。話すこと自体が、カタルシス（浄化）作用があり、心が救われたのです。

そして、相手の話を聞きながら、相手の考え方や話し方、価値観などを知ることができました。コーチング心理学のワークショップやセッションでは、相手の希望や願いを聞いたりすることで、大きな影響を受けたり、新しい価値観を知ったり、自分自身も前向きになれたり、エネルギーをもらえることがありました。

そのため、相手の話を聞くということは非常に大切であると感じるようになり、コミュニケーションが苦手な人にも、役立てられるように貢献してきました。

コミュニケーションは人間関係において非常に重要です。就職の面接、相手との折衝、協力関係など、さまざまな場面で必要な要素となっています。

今後もコミュニケーションのあり方は、変わってくると思いますが、質問などのコミュニケーションスキルは、脳の活性化、対話、検索エンジン、AIをはじめ、さまざまな分野で活用できる転移可能なポータブルスキルです。

本書のメソッドを用いて、できる範囲で実践して、多様なコミュニケーションのあり方を楽しんでいただければ幸いです。

徳吉陽河

謝辞

出版にあたりご協力を頂いた総合法令出版の原口斗州城さん、鈴木遥賀さん、大北恭さん、ライターの笹間聖子さん、皆様のサポートをいただき、本書が形となりました。深く御礼申し上げます。

最後に、すべての方に深く御礼を申し上げるとともに、皆様がコミュニケーションを楽しみ、発見と成長につなげて、自分らしく生きて、人生がより良いものになることを心から願っております。

Ogawa T, et al.（2016）, Short-term effects of goal-setting focusing on the life goal concept on subjective well-being and treatment engagement in subacute inpatients: A quasi-randomized controlled trial. Clinical Rehabilitation.

パーソル総合研究所（2022）, グローバル就業実態・成長意識調査

van der Linden, D., et al.（2010）, The General Factor of Personality: A Meta-Analysis of Big Five Intercorrelations and a Criterion-Related Validity Study. Journal of Research in Personality, 44, 315-327.

Seligman, M. E. P., et al.（2005）, Positive psychology progress: empirical validation of interventions. American Psychologist, 60, 410-421.

シヴォーン・オリオーダン , スティーブン・パーマー（原著）, 徳吉陽河（監訳）（2023）, コーチング心理学ガイドブック , 北大路書房

スティーブン・パーマー , アリソン・ワイブラウ（原著）, 堀正（監訳）（2011）, コーチング心理学ハンドブック , 金子書房

チクセントミハイ（原著）, 今村 浩明（監訳）（1996）, フロー体験喜びの現象学 , 世界思想社教学社

徳吉陽河（2023）, ポジティブ大全 , 総合法令出版

E.B. ゼックミスタ ,J.E. ジョンソン（原著）, 宮元 博章ら（翻訳）（1996）, クリティカルシンキング 入門篇 , 北大路書房

Barza, A. and Galanakis, M.（2022）, The Big Five Personality Theory and Organizational Commitment. Psychology, 13, 413-419.

Clara E. Hill（原著）, 藤生英行ら（監訳）.（2014）, ヘルピング・スキル：探求・洞察・行動のためのこころの援助法, 金子書房

Cooper, Mick.（2008）, Essential research findings in counselling and psychotherapy: the facts are friendly. Sage, Los Angeles ; London.

エドガー・H・シャイン, ピーター・A・シャイン（原著）, 野津智子（訳）（2020）, 謙虚なリーダーシップ, 英治出版

Hattie, J., & Yates, G.（2013）, Visible Learning and the Science of How We Learn. Routledge

Jack AI, Passarelli AM, Boyatzis RE.（2023）, When fixing problems kills personal development: fMRI reveals conflict between Real and Ideal selves. Frontiers in Human Neuroscience.

川島隆太ら（2007）, 学習療法の秘密 認知症に挑む, くもん出版

Kim J, et al.（2021）, The effects of positive or negative self-talk on the alteration of brain functional connectivity by performing cognitive tasks. Scientific Reports volume 11.

国重浩一ら（2021）, ナラティヴ・セラピー・ワークショップ Book I：基礎知識と背景概念を知る, 北大路書房

小林祐児（2023）, リスキリングは経営課題　日本企業の「学びとキャリア」考, 光文社新書

厚生労働省 e- ヘルスネット
（https://www.e-healthnet.mhlw.go.jp/information/exercise/s-07-001.html）

マーシャル ゴールドスミス, マーク ライター, 斎藤聖美（訳）（2016）, コーチングの神様が教える「前向き思考」の見つけ方, 日経 BP

Michael Neenan, Stephen Palmer.（2022）, Cognitive Behavioural Coaching in Practice: An Evidence Based Approach 2rd edition Routledge

Oliver Mack, Anshuman Khare, Andreas Krämer, Thomas Burgartz.（2015）, Managing in a VUCA World. Springer. p. 5.

索 引

索　引

徳吉陽河（とくよしようが）

一般社団法人コーチング心理学協会代表理事・講師
一般社団法人ポジティブ心理カウンセラー協会代表理事・講師
専門分野はコーチング心理学、ポジティブ心理学、キャリア心理学、認知科学など。資格は、コーチング心理士、公認心理師、キャリアコンサルタント、ポジティブ心理療法士、認定心理士（心理調査）など多数。クライアントやコーチ・カウンセラーがお互いに前向きになるようなウェルビーイングや能力の向上、自己成長の支援を行っている。海外の心理尺度の翻訳、実用的な心理テストや性格診断の開発をし、WEBサイト『ペルラボ』にて、心理学とデータ解析に基づいた心理尺度、ストレス研究などを行う。
著書に『ポジティブ大全』（総合法令出版）、『コーチング心理学ガイドブック』（監修・翻訳、北大路書房）など多数。

科学的に正しい　脳を活かす「問いのコツ」
結果を出す人はどんな質問をしているのか？

2024年 9 月18日　初版発行

著　者　徳吉陽河
発行者　野村直克
発行所　総合法令出版株式会社
〒103-0001　東京都中央区日本橋小伝馬町 15-18
EDGE 小伝馬町ビル 9 階
電話　03-5623-5121
印刷・製本　中央精版印刷株式会社

ISBN 978-4-86280-961-2
総合法令出版ホームページ　http://www.horei.com/